Turchia

Luoghi cristiani e itinerari paolini

ETS

Coordinamento editoriale: Giuseppe Caffulli
Editing: Roberto Orlandi
Progetto grafico e impaginazione:
Elisabetta Ostini, Elisa Agazzi

In copertina: © nexus 7 - Natalia Sidorova / Shutterstock

Per informazioni sulle opere pubblicate
e in programma rivolgersi a:

Edizioni Terra Santa
Via G. Gherardini 5 - 20145 Milano (Italy)
tel.: +39 02 34592679 fax: +39 02 31801980
http://www.edizioniterrasanta.it
e-mail: editrice@edizioniterrasanta.it

Finito di stampare nel maggio 2015
da Pazzini s.r.l., Villa Verucchio (Rn)
per conto di Fondazione Terra Santa

ISBN 978-88-6240-338-2

INVITO AL PELLEGRINAGGIO

Il pellegrinaggio in Turchia ruota intorno alla figura di san Paolo e alle prime comunità cristiane che qui fiorirono: fu proprio in una di queste comunità che i credenti per la prima volta vennero chiamati "cristiani" (At 11,26). Nell'antichità la regione, chiamata Asia Minore, fu sede dei primi concili ecumenici. Costantinopoli, l'odierna Istanbul, è dal 381 sede patriarcale. Secondo una veneranda tradizione, la Madonna avrebbe trascorso gli ultimi anni di vita nei pressi di Efeso insieme a Giovanni, il discepolo amato.

San Paolo, l'Apostolo delle genti, nacque a Tarso in Cilicia (odierna Turchia sud-orientale). Non conobbe personalmente Gesù, anzi fu tra i persecutori della Chiesa nascente. Dopo la conversione (At 9,3-7) dedicò il resto della vita all'attività missionaria, svolta in particolare in Asia Minore, sua terra d'origine. Qui ogni luogo parla di Paolo: Tarso, la città natale; i centri dove ha predicato; le località delle comunità alle quali ha scritto; le strade che ha percorso; i porti per i quali è transitato.

Ma la Turchia è conosciuta anche per essere la patria delle Chiese dell'Apocalisse; conserva i luoghi dell'apostolo Giovanni e la tradizione efesina della casa di Maria ("Madre Maria", in turco *Meryem Ana*); custodisce le tombe venerate degli apostoli evangelizzatori e i luoghi dei primi e importanti concili ecumenici. Il tutto immerso in paesaggi mozzafiato e pieni di storia, arte e cultura classica della quale restano monumenti di eccezionale interesse.

Nicea è famosa per il primo concilio ecumenico (325) le cui sedute furono aperte dall'imperatore Costantino in persona e che si concluse con la condanna dell'arianesimo. In questa città si svolse anche il settimo concilio ecumenico, nel corso del quale fu dibattuta la questione iconoclasta.

Gli Atti degli Apostoli ci presentano la città di Iconio come il sofferto campo di apostolato di san Paolo nel primo viaggio missionario. Anche nel corso del secondo viaggio l'Apostolo si recherà a Iconio in compagnia di Sila.

Ad Antiochia sull'Oronte la prima comunità cristiana si riuniva in una chiesa-grotta con Paolo, Barnaba, Luca e Pietro; questi si fermò ad Antiochia per qualche anno (42-48 d.C.), prima di recarsi a Roma. La tradizione precisa che la grotta fu donata alla Chiesa dall'evangelista Luca, originario della città.

Paolo visitò Antiochia di Pisidia con Barnaba verso il 47 provenendo da Perge (At 13,14-52). Ad Antiochia venne definita la strategia dell'evangelizzazione: l'annuncio era rivolto prima agli Ebrei nelle sinagoghe; se questi rifiutavano, Paolo si rivolgeva ai pagani.

Le città di Efeso e Gerapoli vantavano le tombe degli apostoli Filippo e Giovanni. Policrate, vescovo di Efeso, nella sua *Storia ecclesiastica*, narra: «Nell'Asia tramontarono due grandi astri. (...) Essi sono Filippo, uno dei Dodici, che riposa a Gerapoli (...) e Giovanni, che posò il capo sul petto del Signore, (...) che ha la tomba ad Efeso».

Un rapporto particolare lega Paolo alla città di Efeso, nella quale si fermò per ben tre anni. Da Efeso scrisse la prima lettera ai Corinzi e, forse, anche quella ai Filippesi. Verso la fine del terzo viaggio missionario, tenne a Mileto un accorato discorso di addio ai presbiteri di Efeso appositamente convocati: «Poi si pose in ginocchio e pregò insieme a tutti loro. E scoppiarono tutti in un gran pianto, e gettandosi al collo di Paolo lo baciavano, addolorati soprattutto per quella parola che aveva detto, che non avrebbero più veduto il suo volto. E lo accompagnarono fino alla nave» (At 20,18-38).

Meritano una menzione le splendide chiese rupestri della Cappadocia, interamente scavate nel tufo. In questo ambiente il cristianesimo era già presente in età apostolica (1Pt 1,1: «Ai fedeli che vivono (...) nella Cappadocia»). Al concilio di Nicea la regione era rappresentata da diversi vescovi. Nelle sue grotte si insediarono parecchie comunità dedite alla vita monastica: nella sola valle di Göreme si trovano le vestigia di circa 300 chiese. Alcune di esse sono splendidamente decorate secondo un'iconografia ispirata spesso ai vangeli apocrifi. Sono originari di questa regione i padri Gregorio di Nazianzo, Basilio e Gregorio di Nissa denominati "cappadoci".

In questo contesto storico di grande ricchezza si inserisce il pellegrinaggio che, in qualche modo, è una testimonianza per la sparuta comunità cristiana locale. Oggi i cristiani in Turchia rappresentano meno dell'1% della popolazione (lo 0,2% circa). Delle comunità ricordate nel Nuovo Testamento o nella storia antica non rimangono se non povere vestigia. Alla luce di questo glorioso passato del quale resta ben poco, il pellegrinaggio servirà anche a fare loro comprendere che non sono soli e contribuirà a incoraggiarli.

Massimo Pazzini, ofm
Studium Biblicum Franciscanum, Gerusalemme

Nota dell'Editore

Gli itinerari proposti in questa guida prendono spunto da un'escursione di studio organizzata e guidata da p. Frédéric Manns ofm per gli studenti e i professori dello Studium Biblicum Franciscanum di Gerusalemme, a conclusione di un seminario sulla Turchia da lui tenuto presso la stessa Facoltà di Scienze bibliche e Archeologia.

BULGARIA
GRECIA
Istanbul
Mar di Marmara
Nicea
Ankara
Pergamo
Mar Egeo
Antiochia di Pisidia
Smirne
Efeso
Gerapoli
Iconio
Priene
Didima
Afrodisia
Mileto
Seleucia al Calicadno
RODI
CIPRO
CRETA
Mar Mediterraneo

Mar Nero
GEORGIA
ARMENIA
Lago di Van
IRAN
CAPPADOCIA
Tarso
Antiochia
sull'Oronte
IRAQ
SIRIA

SGUARDO D'INSIEME

La Turchia è un Paese dal ricco passato. Panoramica di una nazione unica, vera culla di civiltà: profilo geopolitico, economia, storia e presenza cristiana.

La Repubblica di Turchia (in turco *Türkiye Cumhuriyeti*) è uno Stato il cui territorio si estende su due continenti (Europa e Asia) per una superficie totale di 814.578 km^2. Confina a nord-ovest con la Grecia e la Bulgaria, a nord-est con la Georgia, a est con l'Armenia, l'Azerbaijan e l'Iran, a sud-est con l'Iraq e a sud con la Siria. È bagnato a nord dal Mar Nero, a ovest dai mari di Marmara ed Egeo, a sud dal Mediterraneo. La parte europea e la parte asiatica sono divise tra di loro dal Bosforo (*Istanbul Bogazi*), dal Mar di Marmara e dallo Stretto dei Dardanelli (*Canakkale Bogazi*). La stessa città di Istanbul è divisa tra i due continenti.

Il Paese è occupato in gran parte dall'altopiano anatolico, che si innalza progressivamente verso est, dove è attraversato da importanti corsi d'acqua, tra cui il Tigri (*Dicle*) e l'Eufrate (*Firat*), e solcato da numerosi laghi (tra cui il Lago di Van, il più grande del Paese).

Dal punto di vista climatico, la Turchia può essere suddivisa in tre zone: continentale nelle vaste zone dell'interno (con estati calde e secche, inverni freddi e nevosi), temperato-oceanico lungo le coste settentrionali (con estati calde e umide, inverni miti e umidi) e mediterraneo lungo quelle meridionali e dell'Egeo (estati calde, inverni miti).

La popolazione ammonta a 81.619.000 abitanti[1]. L'età media è piuttosto bassa (29,6 anni, con il 50% al di sotto dei 30), mentre il

[1] Secondo le stime per il 2014 fornite dal *CIA World Factbook* (https://www.cia.gov/library/publications/the-world-factbook). Tutte le statistiche riportate nel paragrafo sono tratte da tale sito (dicembre 2014).

tasso di crescita annuo è stimato intorno all'1,12% (in leggera ma costante decrescita negli anni a venire).

Le città principali sono: Istanbul (la più grande e popolosa), Ankara (la capitale), Smirne (Izmir), Bursa, Adana, Gazantiep.

La minoranza etnica di gran lunga più numerosa è costituita dai Curdi (circa il 18% degli abitanti), in massima parte stanziati nel sud-est del Paese (nella regione del Kurdistan a cavallo tra Iran, Iraq, Siria, Armenia e, appunto, Turchia).

Lingua ufficiale è il turco (appartenente al gruppo uralo-altaico e affine al ceppo ugro-finnico), parlato dalla maggioranza della popolazione, nonché idioma ufficiale di Stato. La minoranza linguistica più consistente, conformemente alla composizione etnica, è costituita dal curdo (della famiglia indoeuropea).

Sotto il profilo religioso, ufficialmente la Turchia è uno Stato laico; il 99,8% dei Turchi è musulmano (in maggioranza sunnita, ma con una consistente minoranza alevita). Nel restante 0,2% si annoverano cristiani (soprattutto ortodossi, ma anche cattolici) ed ebrei (in maggioranza sefarditi). Molto basso è il tasso di ateismo.

Sul fronte dell'economia, il 50% circa della forza lavoro è impiegata nel terziario (che contribuisce per il 63% al PIL nazionale), mentre il restante 50% è quasi equamente ripartito tra agricoltura (che riveste ancora un ruolo importante, concorrendo per circa il 9% al PIL) e industria (27% circa).

Dall'agosto 2014, Presidente della Repubblica è Recep Tayyip Erdoğan, primo ministro dal 2003.

STORIA

Antichità

L'Anatolia (la grande penisola che costituisce gran parte dell'odierna Turchia, denominata da Greci e Romani "Asia Minore") è conosciuta come "culla della civiltà umana". Fin dalla Preistoria ha visto nascere e fiorire numerose civiltà, oltre che il transito di molti popoli data la posizione di "ponte" tra Asia ed Europa. A partire dal III millennio a.C., infatti, ricordiamo: Ittiti

Istanbul: Moschea del Sultano Ahmed, 1880-1907

(1900-1200 a.C. circa, fondatori del primo grande Stato centralizzato dell'Asia Minore, in grado di rivaleggiare con gli Egizi in Medio Oriente), Frigi, Traci, Lidii, Armeni, Elleni. Tra il VI e il V sec. a.C., l'Anatolia fu conquistata dai Persiani e fu parte del loro impero fino all'avvento di Alessandro Magno (336-323 a.C.). Questi, a partire dal 334 con l'invasione dell'Asia Minore, dilagò nell'intera penisola, ponendo le basi di un impero che sarebbe arrivato fino all'Indo, ma che non sopravvisse al suo fondatore. Alla morte di Alessandro, l'impero fu spartito tra i suoi generali (i diadochi), dando origine ai cosiddetti "regni ellenistici": gran parte dell'Anatolia cade sotto il controllo di Antigono I Monoftalmo e, dopo di lui, dei Seleucidi. Il declino di questi ultimi portò, tra il III e il II sec. a.C., al rafforzamento di una serie di regni indipendenti, tra cui Ponto, Cappadocia, Pergamo, Bitinia, Regno Tolemaico. Tali entità statuali autonome sopravvissero fino alla conquista romana (che fu completata nel corso del I secolo d.C.). Alla divisione dell'impero romano (395), l'Anatolia risultò al centro della parte orientale. L'impero d'Oriente, mentre nel giro di pochi decenni Roma e l'Europa "crollarono" sotto la spin-

Istanbul: Ponte Galata, 1890-1900

ta di popoli esterni, sopravvisse per circa altri mille anni (fino al 1453, pur con consistenti perdite territoriali). Costantinopoli, l'antica Bisanzio (odierna Istanbul), divenne il cuore dell'impero bizantino e una tra le città più grandi del mondo. All'interno dei confini del nuovo impero, il cristianesimo divenne la religione più diffusa.

Medioevo ed età moderna

Di fronte all'espansione islamica, all'epoca del califfato elettivo (metà circa del VII sec.), i Bizantini riuscirono a mantenere il controllo di buona parte della Penisola anatolica (l'Asia Minore storica), perdendo invece le porzioni più orientali dell'odierna Turchia. I secoli successivi videro Bisanzio arretrare sempre più a ovest: nell'XI secolo giunsero popolazioni di etnia turca e di religione islamica (i Selgiuchidi) che dilagarono in Anatolia soprattutto a seguito della disfatta dell'esercito bizantino nella battaglia di Manzicerta (1071). L'impero romano d'Oriente arretrò sempre più verso la sponda europea del Bosforo: l'Anatolia era persa per sempre. I Selgiuchidi, a loro volta, nel corso del XIII secolo dovettero ripiegare sotto la pressione dei Mongoli, che frazionarono i possedimenti selgiuchidi in piccoli emirati sotto il loro controllo. Tra queste piccole entità statuali, nel XIV secolo acquistò progressivamente peso quello retto da Osman I, capostipite della dinastia e dell'impero ottomani.

L'assedio di Costantinopoli, dalla *Chronique de Charles VII* di Jean Chartier (Parigi, Bibliothèque Nationale, II metà del XV sec.)

L'impero ottomano fu una delle entità statuali più longeve e solide della storia, oltre che una delle più variegate sotto il profilo etnico e religioso; raggiunse il suo apogeo tra XV e XVI secolo, con Solimano il Magnifico. Nel 1453 gli Ottomani conquistarono Costantinopoli (che nel 1517 divenne la sede del Califfato, avviandosi verso una fase di rinnovato splendore) e da lì si espansero nei Balcani, giungendo a minacciare la stessa Vienna (1529). Da allora costituirono una delle principali potenze non solo dell'area mediorientale, ma dell'intera Europa. Un primo arresto a questa irrefrenabile espansione si ebbe nel 1571 con la battaglia di Lepanto, che sancì la fine del loro strapotere nel Mediterraneo. Sulla terraferma, invece, il lungo scontro con gli Asburgo, che difendevano la porta di accesso all'Europa continentale, si concluse definitivamente nel 1683 con il fallito assedio di Vienna e la successiva controffensiva austriaca che ricacciò i Turchi nei Balcani.

Età contemporanea: dall'impero alla Turchia di oggi

Il lento declino degli Ottomani nel corso dei secoli XVIII e XIX ebbe il suo epilogo con la Prima guerra mondiale: l'impero si schierò a fianco di Germania e Austria-Ungheria, e con esse capitolò. Intanto, dalla fine dell'Ottocento, nel panorama del morente Stato ottomano si era affacciato un nuovo soggetto politico:

Istanbul: Santa Sofia, 1860-1890

il partito dei Giovani Turchi, movimento di stampo nazionalista che contrastava l'influenza straniera in Anatolia e aveva come obiettivo la modernizzazione del Paese. Nel corso del Primo conflitto mondiale – quando di fatto ebbero in mano il governo – i Giovani Turchi, ufficialmente timorosi che la consistente minoranza armena sostenesse la Russia rivale, procedettero alla sua sistematica deportazione, con l'intento di "depurare" l'Anatolia dalle sue componenti non turche. Ne risultò il primo genocidio sistematico dell'età contemporanea (tuttora disconosciuto da Ankara), con circa 1,5 milioni di vittime.

L'impero turco uscì dalla guerra fortemente ridimensionato nei suoi territori, dovendo subire anche un'ingerente presenza straniera (greca, francese, britannica e italiana) sancita dal Trattato di Sèvres (1920); il documento fu accettato dal Sultano ma fortemente contrastato da Mustafà Kemal (in seguito chiamato *Atatürk*, "padre dei Turchi"), un militare che mal vedeva la spartizione del Paese tra le nazioni occidentali. Kemal si mise alla testa di un movimento di ribellione e di resistenza che portò al ritiro dei contingenti stranieri e alla stipula di un nuovo trattato (Trattato di Losanna, 1923), che ridisegnava i confini della Turchia a favore di quest'ultima. Il trattato prevedeva altresì uno scambio di popolazioni tra Grecia e Turchia: circa 1,5 milioni di greci dovettero lasciare la Penisola anatolica, mentre circa 400 mila musulmani furono espulsi dalla Grecia. Il costo umano dell'operazione fu enorme (centinaia di migliaia perirono lungo il tragitto o nei campi di raccolta).

Istanbul: Torre Galata, 1880-1893

Pochi mesi dopo, il 29 ottobre 1923, Mustafà Kemal proclamò la nascita della Repubblica di Turchia (l'ultimo sultano fu deposto l'anno precedente). La capitale fu spostata ad Ankara, primo passo verso una modernizzazione dello Stato in chiave "laica" (sul modello francese di rigorosa divisione tra sfera politica e sfera religiosa). Le sue riforme compresero il passaggio all'alfabeto latino (fino ad allora era in uso quello arabo) e una campagna per l'alfabetizzazione femminile. Atatürk morì nel 1938, senza aver portato completamente a termine i suoi progetti. La sua eredità è però sopravvissuta, soprattutto nella volontà della Turchia di non cedere alle pressioni degli integralismi religiosi (rarissimo esempio di Stato a maggioranza musulmana costituzionalmente laico[2]). Suo merito fu inoltre di indirizzare il Paese verso uno sviluppo economico che, pur tra alti e bassi, continua tuttora (con una crescita del PIL ampiamente positiva, intorno al 3,8%; il Fondo Monetario Internazionale annovera la Turchia tra le nazioni "sviluppate").

Oggi Ankara è ampiamente inserita nel consesso internazionale: è membro fondatore dell'OCSE e del G20, nonché membro

[2] Negli ultimi anni, tuttavia, è andato rafforzandosi un fronte islamico che rende tale laicità, sempre più e soltanto, teorica.

attivo della NATO (alla quale fornisce la seconda più grande forza armata permanente dopo gli Stati Uniti). Nel 1987 ha inoltre presentato domanda formale di ingresso nell'Unione Europea, ma è tuttora in fase di esame; giocano a sfavore l'aperta opposizione di alcune nazioni e le oggettive riforme che dovrebbero essere attuate per adeguare il Paese agli standard europei. Al momento attuale non sono state stabilite tempistiche precise per l'eventuale adesione.

LA TURCHIA CRISTIANA

I cristiani: storia di una presenza millenaria

di Claudio Monge O.P.[3]

A venti secoli dalla nascita del cristianesimo e del suo più grande apostolo, Paolo di Tarso, i cristiani di Turchia, un tempo l'Asia Minore culla delle prime comunità cristiane e della strutturazione teologico-dogmatica del cristianesimo stesso, sono oggi la testimonianza vivente delle pesanti conseguenze non solo dell'espansione islamica, ma anche delle divisioni profonde di una comunità che il Cristo aveva sognato come espressione dell'unità.

Fin dal II secolo, le Chiese del Medio Oriente sono già molto diverse culturalmente. Tre patriarcati dominano il mondo cristiano orientale, Alessandria, Antiochia e Costantinopoli, riconoscendosi in comunione con Roma. Dopo la divisione dell'impero romano, Costantinopoli assume una posizione di preminenza, quando si è già entrati in piena epoca di dispute teologiche che segneranno l'Oriente cristiano. Tali dispute in realtà mal nascondono gli urti tra sensibilità culturali differenti, come pure le rivalità e gli antagonismi tra Alessandria e Costantinopoli (tra

[3] Responsabile del Centro domenicano per il Dialogo interreligioso e culturale di Istanbul.

egiziani e greci); Antiochia, dal canto suo, si divide tra le due sfere di influenza. Ad Alessandria, come ad Antiochia, la dottrina monofisita (secondo la quale la natura umana è assorbita nella sola natura divina del Cristo) assume le dimensioni di un proto-nazionalismo ed esprime il rifiuto dell'influenza politica di Costantinopoli.

La lotta è ormai aspra tra l'imperatore, che deve applicare le decisioni dei concili svoltisi sotto la sua autorità, e le province meridionali del suo impero. Le persecuzioni condotte dall'imperatore contro le popolazioni monofisite favoriranno indirettamente l'avanzata arabo-musulmana. Questo quadro si complicherà nei secoli successivi. Alla pesante situazione imposta dalle crociate bizantine contro le Chiese eretiche nestoriane e pre-calcedonesi, seguiranno le crociate latine e l'effimera instaurazione dei principati franchi del Levante. Col fallimento di questo tentativo di re-imporre militarmente la latinità in Medio Oriente, si passerà alla strategia dell'uniatismo, che rispetta teoricamente le autonomie ecclesiastiche a condizione di raggiungere una comunione dogmatica e la sottomissione al Papa. La fioritura dei patriarcati latini nelle principali metropoli sarà una ferita ben più importante delle reciproche scomuniche del 1054 tra Chiesa di Roma e il patriarcato di Costantinopoli.

L'islam in forte espansione, dal canto suo, è una religione rivelata in una lingua già familiare alle tribù delle steppe dell'Arabia del nord e ai commercianti delle città, ed è l'espressione di una cultura araba condivisa. Con l'espansione islamica, le popolazioni cristiane dell'Oriente, sfuggendo all'autorità del potere bizantino, passano sotto la tutela musulmana. Da sudditi sovente in conflitto con l'impero romano d'Oriente, diventano comunità tollerate e protette prima dell'impero musulmano omàyyade (661-750), poi di quello abbàside (750-1258). Lo *status* dei cristiani diviene quello di *dhimmi* ("protetti"), per il fatto di appartenere alla categoria coranica delle "Genti del Libro". I cristiani possono dunque praticare liberamente il loro culto, giovandosi dei frutti di una libera attività e della protezione delle loro vite e dei loro beni, accordati dall'islam. Tuttavia non partecipano al governo della città e pagano l'esenzione dal servizio militare con un'imposta di capitazione (*jizya*) e un'imposta fondiaria (*kharaj*). In certi periodi, si metterà letteralmente un freno alle conversioni all'islam per un motivo puramente economico (le conversioni potevano danneggiare l'economia dell'impero dato che i convertiti non dovevano più pagare i tributi speciali).

Indubbiamente il ruolo e l'influenza dei cristiani decrebbero, a partire dal X secolo, a causa della diminuzione del loro numero: un'erosione senza tregua all'insegna di motivi economici, sociali (soprattutto in riferimento a un contratto matrimoniale più elastico dove i frutti di un'unione mista appartengono automaticamente alla parte islamica) e politici. Insomma, i più deboli tra i *dhimmi* passano poco a poco all'islam.

L'Anatolia cristiana

Il caso dell'Anatolia è particolarmente significativo. Quattro secoli dopo la nascita dell'islam, essa era nella quasi totalità cristiana. Al momento della conquista ottomana di Costantinopoli (1453), la cristianità anatolica non conterà più neppure mezzo milione di fedeli. I Selgiuchidi, pur non riuscendo a impadronirsi di Costantinopoli, avevano isolato dal loro faro culturale e spirituale quelle regioni, determinando una progressiva "turchizzazione" linguistica e religiosa delle popolazioni sempre più isolate dell'Anatolia. I cristiani si videro abbandonati anche da un clero in ritirata verso Costantinopoli, alla ricerca di incarichi più prestigiosi e remunerativi. Come se non bastasse, l'islam proposto agli "infedeli" era tollerante. Il sunnismo ufficiale dominava nelle grandi città. Ovunque, altrove, i cristiani praticavano una religione popolare: un misto di sciamanismo, buddismo, manicheismo e pure di cristianesimo nestoriano. Musulmani e cristiani arrivarono a condividere i luoghi di culto, a riconoscere gli stessi santi, a celebrare le stesse feste, a mettere in comune addirittura un rituale del battesimo. Dunque, l'islam progredì grazie ad autentiche conversioni, ma anche grazie alla debolezza di un cristianesimo molto annacquato.

In conclusione, la tolleranza dell'islam, tra X e XIV secolo, contribuì all'indebolimento del cristianesimo; ecco perché, secondo paradosso, sarà l'ortodossia sunnita ottomana a metter ordine in questo marasma avviando implicitamente una nuova primavera del cristianesimo. Gli Ottomani perfezionano il sistema della *dhimma*, che struttura i rapporti all'interno del mondo islamico su base religioso-confessionale. Con l'adozione del sistema dei *millet* (termine tradotto normalmente con "nazione", ma con un pericoloso anacronismo), il sultanato conferisce un riconoscimento giuridico alla composizione multiconfessionale dell'impero e la organizza in modo strutturato all'interno dell'apparato statale. Ma quando il grande puzzle dell'impero entra in crisi, in coincidenza con la fine dell'epoca d'espansione e dell'aggravio crescente della politica di mantenimento di un territorio sterminato, è a partire dalla degenerazione del sistema dei *millet* che la crisi si diffonde, con la complicità di una politica d'interesse sempre più invadente delle potenze europee. Queste ultime, attraverso le *capitolazioni* (trattati economici e politico-giuridici tra Ottomani e autorità europee), inaugurano una penetrazione nell'impero che utilizza, per i propri fini, l'istituzione dei *millet* e incita le comunità cristiane d'Oriente a una maggiore autonomia rispetto al potere centrale musulmano.

I cristiani e le potenze europee

In sostanza, i cristiani del mondo arabo e ottomano, trasformati in "clientele", divennero una carta da giocare nella lotta egemonica tra le nazioni europee. L'obiettivo finale è lo smembramento e la spartizione dell'impero ottomano. Con la sua dissoluzione, l'identificazione dell'idea di nazione con l'appartenenza confessionale porta a collegare l'identità turca esclusivamente al riferimento culturale musulmano (anche se da un punto di vista politico il nuovo stato voluto da Atatürk si definisce laico). I cristiani, pedine tradite di un gioco terminato male, pagheranno un dazio carissimo a questa svolta storica. Il risultato è statisticamente impressionante: secoli di storia multiconfessionale spazzati in dieci anni, tra il 1914 e il 1923, data della proclamazione della Repubblica turca.

Oggi i cristiani in Turchia da un lato cercano una vera condizione di cittadinanza nazionale e dunque d'uguaglianza di diritti, dall'altro emigrano o progettano di farlo per cause molteplici, sia d'ordine socio-politico sia economico. L'articolo 24 della Costituzione del 7 novembre 1982 che sancisce la libertà di coscienza, di credo e di convinzioni religiose, si pone su un piano individuale, ma non riguarda i diritti della collettività delle comunità religiose. Per queste ultime, la base giuridica continua a essere il Trattato di Losanna del 1923, fino ad oggi sempre applicato in modo restrittivo alle sole minoranze armeno-ortodossa, greco-ortodossa ed ebrea (in quanto «sudditi non-musulmani della Turchia»), minoranze sottoposte per questo al controllo della Presidenza degli Affari Religiosi (*Diyanet*). I cattolici latini, dal canto loro, sono stranieri senza il minimo statuto e personalità giuridici, il che rende impossibile la proprietà degli immobili e molto difficile la gestione delle strutture ecclesiastiche. Inoltre, in assenza di qualsiasi tipo di sovvenzione statale, bisogna cercare di sopravvivere autonomamente anche da un punto di vista finanziario.

La presenza cristiana oggi

Oggi in Turchia sono rappresentate quasi tutte le confessioni cristiane, che nel complesso però rappresentano solo lo 0,2% circa della popolazione totale.

Chiese precalcedonesi

Numericamente presenti in Turchia in modo molto diverso, tra queste Chiese (così chiamate perché non accettarono *in toto* le formulazioni uscite dal concilio di Calcedonia del 451) si annoverano: la Chiesa assira d'Oriente (pesantemente toccata, insieme agli Armeni, dallo sterminio durante la Prima guerra mondiale; oggi è una Chiesa in diaspora), la Chiesa cattolica caldea (circa 10 mila fedeli; una parte più consistente è dispersa in Europa, specialmente in Francia), la Chiesa armena (tuttora la più numerosa – circa 60 mila fedeli – nonostante il genocidio; è riconosciuta dallo Stato), la Chiesa armeno-cattolica (piccola Chiesa in comunione con Roma, con circa 3 mila fedeli), la Chiesa siriana (siro-ortodossa o giacobita; con 35 mila fedeli è la seconda comunità cristiana), la Chiesa siro-cattolica (solo poche centinaia di fedeli).

Chiese ortodosse

All'interno del mondo ortodosso, un primato onorifico spetta al Patriarcato ecumenico di Costantinopoli: la grande Chiesa madre, guidata da Bartolomeo I, conta a Istanbul circa 3 mila fedeli. Nonostante i numeri ridotti e una situazione nel complesso "critica", mantiene ancora una struttura molto capillare (12 diocesi metropolitane, senza contare vescovi locali e ausiliari e scuole).

Tra le altre Chiese ortodosse: il Patriarcato di Antiochia (comunità ortodossa di rito bizantino ma di lingua araba che oggi conta oltre 3 mila fedeli), le Chiese ortodosse russa, bulgara, rumena, georgiana (sopravvivono come cappellanie nazionali, retaggio del passato multietnico di Istanbul), la Chiesa ortodossa turca (comunità ortodossa di lingua turca, sorta dopo il Primo conflitto mondiale; conta poche decine di persone).

Chiese cattoliche orientali

I loro numeri sono ridottissimi. Sopravvivono poche famiglie melchite, della Chiesa uniate di Bulgaria, della Chiesa uniate di Georgia, della Chiesa maronita del Libano.

Chiese della Riforma

La presenza protestante è molto variegata. Sono presenti: la Chiesa anglicana (una cappellania a Istanbul e una parrocchia a Smirne), la Chiesa luterana tedesca (composta in gran parte da famiglie miste, soprattutto donne tedesche sposate a turchi rientrati in patria) e una serie di altre denominazioni in qualche modo riconducibili alla Riforma (Dutch Chapel, Union Church, United Church, Chiesa protestante armena). Nel complesso si parla di circa 10 mila fedeli in tutta la Turchia.

Chiesa cattolica latina

Conta circa 40 mila fedeli, suddivisi in tre circoscrizioni ecclesiastiche di rito latino: l'Arcidiocesi di Smirne, il Vicariato apostolico di Istanbul (il più popoloso, con circa 15 mila fedeli) e il Vicariato apostolico dell'Anatolia, con sede a Iskenderun. Presenti sul territorio anche diverse congregazioni religiose maschili (Domenicani, Francescani, Lassalliani) e femminili (Suore d'Ivrea, Minori di Maria Immacolata, Piccole Sorelle di Gesù).

ITINERARI DI VISITA

I luoghi proposti seguono l'itinerario classico del pellegrinaggio paolino in Turchia, con possibili brevi estensioni a località di interesse storico, artistico e archeologico.

Antiochia sull'Oronte
(Antakya)

[→*Liturgia della Parola* p. 149]

Antiochia, capoluogo della provincia turca dell'Hatay, si trova nella valle dell'Oronte, alle falde del monte Silpio (509 m), a 28 km dal Mediterraneo. Anticamente era chiamata "Regina dell'Oriente" perché ricca, colta, abbellita da grandiosi monumenti e da splendide opere d'arte. La sua

Veduta della città

Antiochia, 1936

posizione favorevole ne fece una città commerciale, in continuo movimento per il traffico delle carovane (via della seta) e l'attività del porto di Seleucia (oggi Samandag-Cevlik), collegato alla città dal fiume Oronte (detto in arabo "il ribelle" per il suo corso sud-nord, diversamente dagli altri fiumi nella regione).

Fondata nel 300 a.C. da Seleuco I, che la chiamò così in onore del padre Antioco e ne fece la capitale del regno, la città fu conquistata dai Romani nel 64 a.C. Dopo Roma e Alessandria, era la terza città dell'impero romano (nel I secolo d.C. contava già più di 300 mila abitanti). Nel IV secolo divenne sede patriarcale, mentre in quello successivo la Chiesa locale fu scossa dal conflitto fra nestoriani e monofisiti. Nel 637 la città, che non si era più risollevata dopo i terremoti del 526 e del 528, fu conquistata dagli Arabi. I Bizantini la rioccuparono nel 969, ma nel 1084 dovettero cederla ai Selgiuchidi. Nel 1097-1098 fu conquistata dai Crociati e divenne capitale di un principato normanno. Dopo la terza Crociata, il principato di Antiochia fu annesso dai Mamelucchi. Nel 1517 la città passò sotto il dominio degli Ottomani e vi rimase per tre secoli. Tornata nel 1939 sotto la sovranità turca, dopo essere stata per circa 20 anni incorporata alla Siria, divenne capoluogo di provincia.

La Chiesa cattolica di rito latino, che lungo i secoli non aveva mai perso di vista Antiochia, è tornata ad essere presente in questa città nel 1846 con i frati Cappuccini, oltre sette secoli dopo la partenza dei Crociati.

◗ **Grotta di San Pietro.** Situata nella periferia della città, secondo la tradizione è il luogo dove si riunivano i primi cristiani e dove insegnarono Paolo, Barnaba, Luca e Pietro. Furono i Crociati a identificare questo luogo e su una

Grotta di San Pietro, interno

Grotta di San Pietro, facciata

Museo dell'Hatay: mosaico
di Oceano e Teti, particolare

precedente costruzione bizantina edificarono una chiesa rupestre. Di epoca crociata è ben visibile la facciata.

◗ **Museo dell'Hatay.** Il museo archeologico è rinomato per i suoi mosaici romani provenienti dalle ville di Dafne (8 km da Antiochia), dove si trovava un bosco sacro dedicato ad Apollo. Secondo la mitologia la ninfa Dafne, per sfuggire alle insidie di Apollo, si trasformò in alloro (*dafne* in greco). I mosaici (dal II al IV secolo) rappresentano diversi soggetti mitologici; tra i più belli c'è quello di Orfeo, proveniente da Tarso. La nuova sede del museo è stata inaugurata nel 2014, e ha reso ancora più interessante la visita.

Museo dell'Hatay: monete di età bizantina

Museo dell'Hatay: sarcofago romano

Museo dell'Hatay: mosaico di Orfeo, particolare

● **SELEUCIA DI PIERIA.** A 28 km da Antiochia si trova il villaggio di Samandag; dopo pochi chilometri si raggiunge Seleucia di Pieria, posta sul mare. Della città antica edificata nel 300 a.C. rimangono pochi resti (tempio, necropoli). Il porto (ben visibile) è famoso perché da qui Paolo

Seleucia: plinti di colonne

Seleucia: resti della città

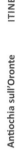

Seleucia: una delle tombe rupestri della necropoli

Seleucia: il tunnel di Vespasiano

salpò con Barnaba e Marco per il suo primo viaggio apostolico. Poco lontano dal porto è visibile un grandioso tunnel scavato dagli imperatori Vespasiano e Tito per deviare il corso di un torrente che minacciava di ostruire il porto. Si pensa che tra gli schiavi che lavorarono all'opera ci furono alcuni ebrei deportati da Gerusalemme dopo il 70 d.C.

Ignazio di Antiochia

Ignazio fu il successore di Pietro come vescovo della Chiesa di Antiochia. Condannato alle fiere del circo sotto l'imperatore Traiano, fu condotto dalla Siria a Roma e là subì il martirio nell'anno 107. Durante il viaggio scrisse sette lettere: da Smirne si rivolse alle comunità dell'Asia Minore, Efeso, Magnesia e Tralli; scrisse poi ai Romani, per supplicarli di non fare alcun passo in suo favore presso l'imperatore; da Troade si indirizzò invece alle comunità di Filadelfia, di Smirne e a san Policarpo, vescovo di quest'ultima città, avendo saputo che era cessata la persecuzione che infieriva contro la sua comunità ad Antiochia.

San Paolo

Antiochia fu il primo grande centro di diffusione del cristianesimo al di fuori della Palestina; la nuova fede vi giunse ad opera di giudeo-cristiani espulsi da Gerusalemme dopo il martirio di santo Stefano, e il numero di conversioni fu notevole. La vitalità della comunità antiochena spinse Barnaba a recarvisi, portando con sé anche Paolo. I due vi rimasero per un anno «e istruirono molta gente»; fu ad Antiochia, inoltre, che «per la prima volta i discepoli furono chiamati cristiani» (cfr. At 11,22-26). La comunità antiochena rimase per Paolo la Chiesa di appartenenza. Da qui, infatti, partì e qui fece ritorno nel primo viaggio insieme a Barnaba (cfr. At 13,2-3; 14,26-28); lo stesso avvenne per il secondo viaggio (cfr. At 15,36-40; 18,18-22) e per l'inizio del terzo (cfr. At 18,23). Ad Antiochia scoppiò inoltre la grande questione sui rapporti tra la nuova fede e il giudaismo: Paolo affermava con decisione la necessità di svincolarsi dalle pratiche ebraiche, in particolare la circoncisione. La polemica rese necessario che si recasse a Gerusalemme insieme a Barnaba. Qui il cosiddetto "concilio apostolico di Gerusalemme" gli diede ragione: i convertiti dal paganesimo furono dispensati dalla legge mosaica. Attraverso la questione siamo anche informati della presenza di Pietro ad Antiochia: qui egli finì per limitarsi a frequentare fedeli provenienti dal giudaismo e a evitare i "pagani". Paolo, cogliendo il pericolo insito in tale atteggiamento, lo redarguì pubblicamente (cfr. Gal 2,11).

Tarso (Tarsus)

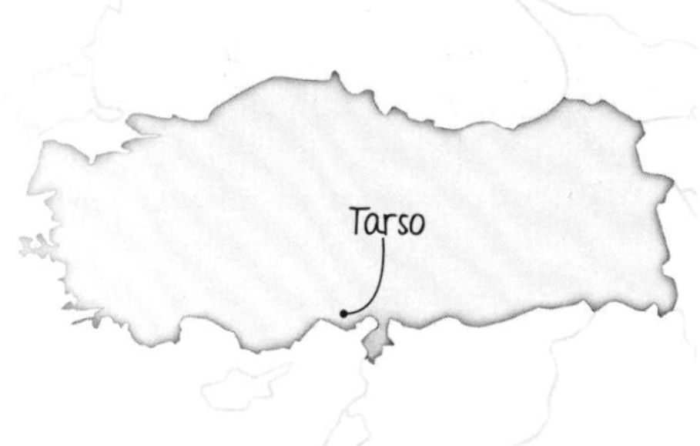

Nel XVI secolo a.C. Tarso era un centro importante (forse la capitale) del regno di Kizzuvatna, vassallo dell'impero ittita. Nei secoli IX-VII la città era tributaria degli Assiri, che la menzionano nell'obelisco nero di Salmanassar III (832 a.C.) e nel cilindro di Sennacherib (696 a.C.). Cadde poi

Ponte romano

Strada romana

sotto i Persiani e, conquistata da Alessandro Magno nel 333, passò ai Seleucidi che, per circa un secolo, la chiamarono Antiochia presso il Cidno. Nel 170 a.C. gli abitanti di Tarso e della vicina Mallo si ribellarono ad Antioco IV Epifane che aveva donato le due città alla sua concubina Antiochide (cfr. 2 Mac 4,30). Vinti i pirati cilici, nel 64 d.C. Pompeo incorporò la città nella provincia romana della Cilicia, che nel 51 avrà come proconsole Cicerone. Oggetto di benefici da parte di Cesare, di Antonio (che la dichiarò "città libera") e di Augusto, che la fece governare successivamente da due suoi amici tarsensi (gli stoici Atenodoro e Nestore), Tarso divenne un centro culturale in grado di superare anche Atene e Alessandria. Rimase dominio bizantino – se si eccettua la parentesi araba degli anni 831-965 – fino al 1199, quando entrò a far parte del regno della Piccola Armenia o Cilicia. Occupata dai Mamelucchi nel 1375, nel 1515 fu aggregata all'impero ottomano da Selim I.

Vestigia romane. La porta romana è il troncone di un'arcata di quella che è detta Porta

Porta di Cleopatra

di San Paolo o Porta di Cleopatra. Si apre verso occidente mettendo in comunicazione la città di Tarso con Mersin. Resti di una strada romana sono ben evidenziati nel centro città; rimangono inoltre vestigia del teatro e delle terme. Di origine romana è anche il pozzo, largo circa 1 m e profondo 38, che la tradizione ha ribattezzato Pozzo di San Paolo perché sorgeva nella zona giudaica della città.

Il Cidno. «Senza strepito, azzurro, lievemente serpeggi con calme acque pel letto». Così Tibullo cantava il fiume che con le sue sabbie ha privato Tarso del suo antico porto marino e scorre adesso a qualche chilometro dalla città.

Curzio Rufo (I secolo d.C.) descrive il malore allarmante da cui Alessandro Magno, poco prima della battaglia di Isso, fu colto a Tarso per essere sceso, accaldato, nelle acque gelide del fiume (altri danno come causa dell'improvviso malessere le fatiche della guerra).

Nella *Vita di Antonio* (26), Plutarco (46-127 d.C.) descrive la fatale Cleopatra che nel 41 a.C. fa il suo fantasmagorico ingresso a Tarso sulle acque del Cidno per incontrare il triumviro romano.

Il Cidno

Chiesa-museo di San Paolo

Ulu Cami (moschea grande)

L'imperatore Giuliano l'Apostata (IV secolo) fu sepolto in un mausoleo sulle rive del fiume (i suoi resti, però, sarebbero presto stati trasportati a Costantinopoli).

Le moschee. La facciata interrotta bruscamente dal minareto e l'arco gotico che si intravede sulla porta, lasciano intuire che la *Eski Cami* o moschea vecchia fosse una chiesa (probabilmente armena). Laddove sorgeva la prima cattedrale (intitolata a san Paolo), invece, nel XVI secolo i musulmani eressero la moschea grande (*Ulu Cami*), inglobando alcuni elementi dell'edificio precedente.

San Paolo

Arrivati in città, la memoria va subito a uno dei suoi figli più illustri: san Paolo, originario e cittadino (in stretto senso giuridico) di Tarso (cfr. At 23,3; 21,39). L'apostolo vi dimorò per diversi anni dopo la conversione (9,30), fino a che non venne condotto ad Antiochia da Barnaba (11,25). Verosimilmente ripassò per la sua città natale all'inizio del secondo viaggio missionario (15,41).

La presenza cristiana

Invano oggi si cercherebbero in città le tracce del suo antico passato cristiano. A parte i resti delle due chiese convertite in moschee, rimane ben poco. In anni recenti è però stata recuperata la chiesa di San Paolo, oggi museo (a sinistra, l'ingresso), nel quale è possibile celebrare la messa previa richiesta di permesso e pagamento di un biglietto d'entrata. Alcune suore, tra i pochissimi cristiani rimasti a Tarso, accolgono i pellegrini e forniscono il necessario per la celebrazione.

Cappadocia (Kapadokya)

[→*Liturgia della Parola* p. 154]

● **GÖREME.** La poderosa attività eruttiva dell'*Ercivash dagi* (l'antico Argeo), il vulcano spento che sovrasta l'altopiano della Cappadocia occidentale dall'alto del suo cono nevoso (3.916 m), ha formato la regione di Ürgüp, a cui appartiene Göreme, con le sue enormi stratificazioni tufacee

Valle di Göreme, panorama

Tipiche formazioni coniche della valle di Göreme

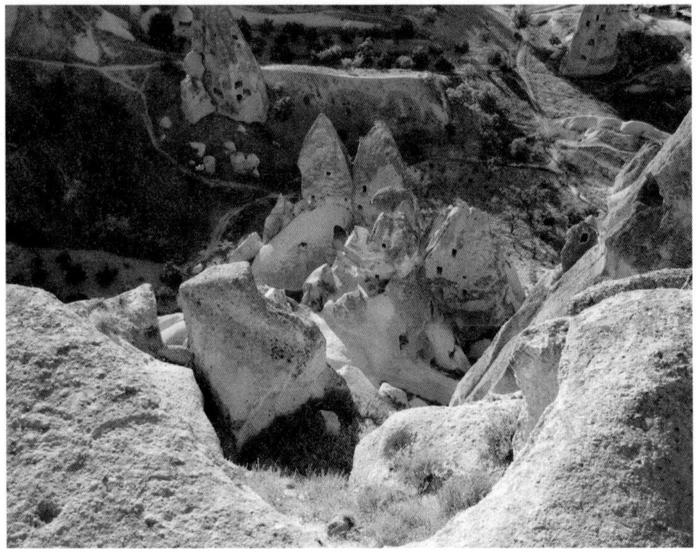

Valle di Göreme: le caratteristiche formazioni rocciose scavate internamente

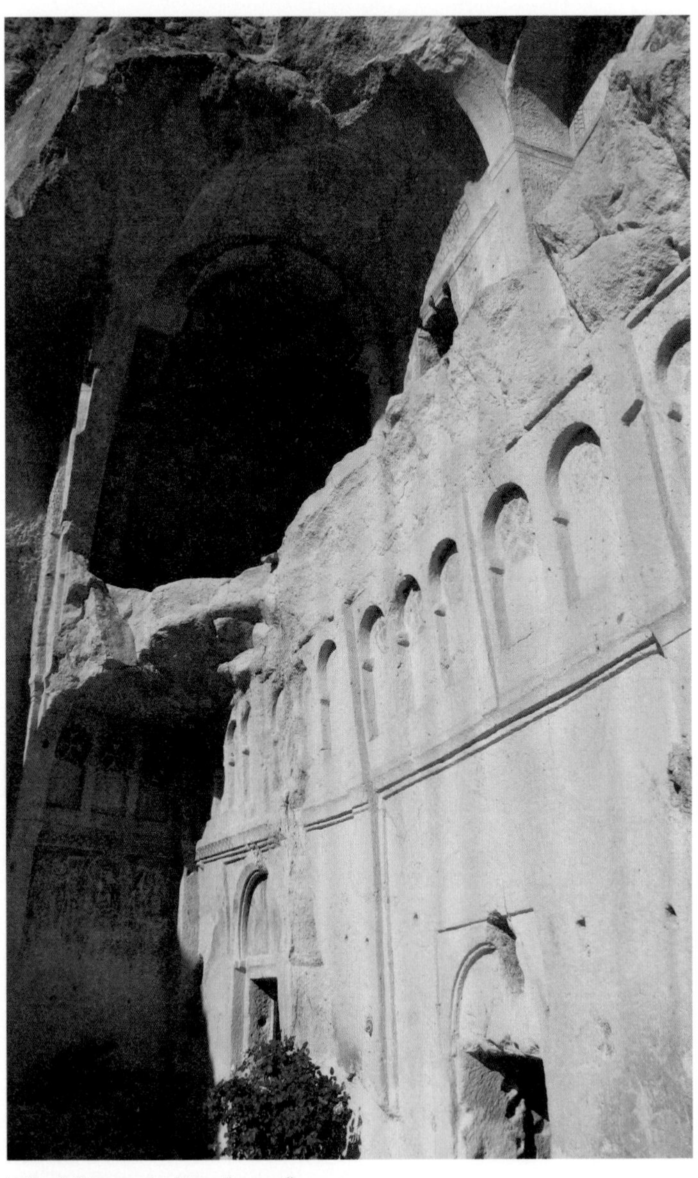

Valle di Göreme: la chiesa "oscura"

e basaltiche. Intorno ai teneri tufi e ai duri basalti hanno giocato nei millenni piogge e nevi, torrenti e venti, e repentini sbalzi termici. Ne è risultato un paesaggio fiabesco, unico al mondo: obelischi, piramidi, torri e coni, che si assottigliano in pinnacoli e guglie assomigliando a strani giganti incappucciati, o si coprono di berretti basaltici dalle fogge più bizzarre. In questo mondo surreale di nero e ferrigno, di giallo e rosa, dal VI al XIII secolo monaci bizantini hanno scavato minuscole celle e singolari santuari rupestri. Le linee architettoniche ricavate nella pietra o particolari degli affreschi hanno concorso all'identificazione di questi luoghi di culto e monasteri.

● **ZELVE.** In questo villaggio vicino alla cittadina di Avanos si possono ammirare abitazioni troglodite, resti di monasteri e una moschea. Lungo la strada che porta a Zelve spuntano "camini delle fate" (così sono anche chiamate le tipiche formazioni tufacee) in un paesaggio meraviglioso. Nel triangolo costituito da Zelve, Ürgup e Nevsehir si tovano le chiese rupestri più belle, denominate spesso in virtù di una particolarità architettonica o dal dettaglio di un affresco.

Celle e chiese scavate nella roccia della valle di Zelve

Le chiese rupestri

I monasteri e le chiese rupestri che sorgono all'interno della valle di Göreme costituiscono un *unicum*, dal quale non si può prescindere per conoscere il cristianesimo dei primi secoli. Le chiese e i monasteri della Cappadocia vennero scavati in gran numero fin dal tempo di san Basilio da Cesarea, alle origini del monachesimo (sia cenobitico che eremitico), che nella regione si diffuse e prosperò con grande rapidità favorito anche dall'aspetto orografico e geologico del territorio.

I conventi, il cui numero è ancora difficile da precisare (sono almeno 150), hanno quasi tutti la stessa pianta e le stesse caratteristiche architettoniche. Sono costituiti da celle, cappelle, sale riunioni, refettori, cucine, dispense, ecc. Sorgono in genere intorno alle chiese, svariate decine, sparpagliate in tutta la zona. Lo schema architettonico più ricorrente di queste chiese rupestri è a navata unica con volta a botte. Solo in un caso (la chiesa di Sant'Eustachio) la navata è doppia. Rara è anche la pianta architettonica a tre navate, solitamente usata per le chiese episcopali.

Tra i principali complessi di Göreme è opportuno ricordarne alcuni:

Chiesa della fibbia (*Tokali Kilise*). È la più interessante e monumentale di tutta la valle. Sulla volta e sulle pareti laterali si possono ammirare cicli di affreschi risalenti al 963 e raffiguranti la vita di Gesù ed episodi del Vangelo. Attorno alla chiesa si trovano alcune cappelle scavate nella roccia a diversi livelli, raggiungibili con scale di ferro (cappella di Sant'Eustachio). Nei pressi dell'ingresso, un affresco rappresenta Daniele nella fossa dei leoni.

Chiesa della mela (*Elmali Kilise*). Ha una cupola sorretta da quattro colonne e tre absidi, una maggiore e due minori. Gli affreschi raffigurano Gesù Pantocratore (sulla cupola), scene della vita di Cristo (tra cui il battesimo, l'entrata in Gerusalemme, l'Ultima cena, la Crocifissione, il tradimento di Giuda) ed episodi dell'Antico Testamento. In uno degli affreschi, un arcangelo è raffigurato con un globo in mano: poiché questa sfera assomiglia a una mela, la chiesa fu chiamata appunto *Elmali Kilise* (la chiesa della mela).

Chiesa del serpente (*Yilani Kilise*). Non ha colonne né cupole; ha un soffitto a volta e gli affreschi furono dipinti sui muri laterali. All'interno ospita anche una tomba. A sinistra dell'entrata sono raffigurati l'imperatore Costantino e sua madre Elena che tengono in mano la Vera Croce; in un altro affresco sono raffigurati san Giorgio e san Teodoro che uccidono il drago, rappresentato da un serpente (da qui il nome). A destra si trovano le figure di san Basilio, san Tommaso e sant'Onofrio.

Chiesa di Santa Barbara. Ha una pianta cruciforme, un'abside centrale e due laterali; la cupola centrale è sorretta da due colonne. Sulla cupola nord un affresco raffigura il Cristo. Affreschi e disegni, in colore rosso, sono incisi direttamente sulla roccia. La decorazione del complesso risale all'XI secolo: vi si ammirano le raffigurazioni di santa Barbara, san Michele e san Teodoro. Le decorazioni delle volte richiamano motivi geometrici, simboli e figure mitologiche.

Chiesa "oscura" (*Karanlik Kilise*): è integrata al vicino monastero rupestre, a cui si accede mediante una stretta scala. La penombra ha garantito nel tempo la conservazione degli smaglianti colori degli affreschi che rivestono le cupole, le colonne, i sottarchi e le pareti. Il luogo presenta un'iconografia ricchissima: tra gli affreschi notevolissimi, che raccontano la vita di Gesù ed episodi del Vangelo, vale la pena ricordare l'Annunciazione, il viaggio a Betlemme, la Natività, l'adorazione dei Magi, il battesimo nel Giordano, l'entrata trionfale di Gesù a Gerusalemme, l'arresto nel Getsemani, la Crocifissione, l'Ascensione.

Chiesa dei sandali (*Çaricli Kilise*). Ha due colonne, volta a crociera, tre absidi e quattro cupole. Contiene, tra i tanti, uno straordinario affresco che raffigura la nascita di Gesù, molto ricco di particolari (il bimbo fasciato, il bue e l'asinello, le due levatrici, il lavacro del neonato, i pastori e gli angeli, Giuseppe in disparte, l'arrivo dei Magi). Il nome si deve probabilmente ad alcune impronte che si trovano sotto il dipinto raffigurante l'Ascensione. I dipinti risalgono alla fine del XII secolo.

Vale la pena di ricordare, da ultimo, la **cappella di San Basilio**, con tombe a fossa e arcosolii, decorata da un'immagine di Maria e da un san Giorgio col drago.

● **UÇHISAR.** Il villaggio-fortezza di Uçhisar permette ai pellegrini di ammirare dall'alto tutta la valle di Göreme. Salendo, attraverso i vari fori della roccia si possono contemplare favolosi scorci prima ancora dello spettacolare panorama che si domina dalla cima, sulla quale sventola la bandiera turca.

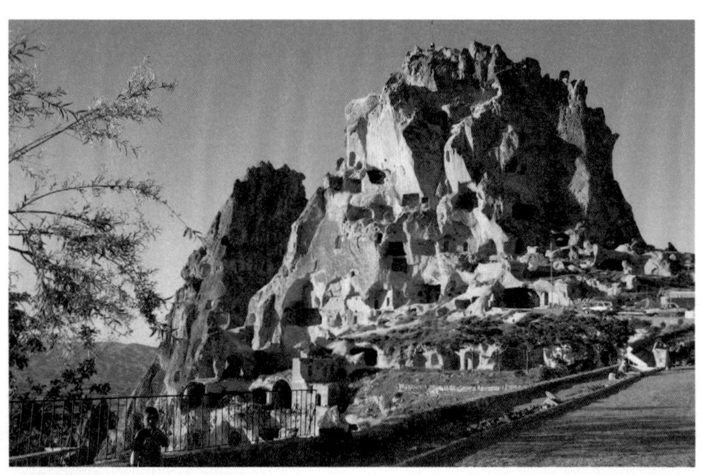

Villaggio-fortezza di Uçhisar

La presenza cristiana

In questo ambiente il cristianesimo era già presente in età apostolica (cfr. 1 Pt 1,1). Al Concilio di Nicea (325) la Cappadocia è rappresentata da 5 corepiscopi (vescovi di campagna). L'importanza di questi luoghi per la religione cristiana è legata alla vita monastica che vi s'insediò. Gli spostamenti di mercanti, di soldati e di pellegrini che transitavano per queste valli conferirono sempre più importanza alla zona. La forma più antica delle tipiche chiese rupestri è quella basilicale, talvolta con tre navate. Nel periodo iconoclasta (VIII sec.) la decorazione si ridusse ad essere geometrica e simbolica, fino a che il secondo Concilio di Nicea (787) reintrodusse il culto delle immagini. Si sviluppò allora un'iconografia splendida che si ispira anche ai vangeli apocrifi. La reputazione della Cappadocia venne accresciuta anche dalla fama di tre grandi teologi: Gregorio di Nazianzo, Basilio e Gregorio di Nissa.

Basilio [→ *Liturgia della Parola*, p. 154].

Gregorio di Nazianzo (330-389)**.** Passò la sua adolescenza a Cesarea di Cappadocia; condusse poi i suoi studi ad Atene con Basilio, il quale diede vita a una comunità monastica ad Annisoi, nel Ponto. In seguito abbandonò Basilio e preferì tornare alla casa paterna, sognando di poter condurre una vita più solitaria. Verso la fine del 361 venne ordinato presbitero dal padre, vescovo di Nazianzo. A distanza di una decina d'anni, sarà Basilio a imporgli la consacrazione episcopale.

Gregorio di Nissa. Nato verso il 335 ed educato dal fratello Basilio, Gregorio si sposò. In seguito abbandonò la via dell'insegnamento e si ritirò in una comunità monastica nel Ponto fondata dal fratello. Tra il 371 e il 372 accettò di diventare vescovo di Nissa, nella stessa Cappadocia, secondo il volere di Basilio. Si trovò investito della responsabilità di difendere il Credo niceno (la dichiarazione di fede approvata dal Concilio di Nicea che sanciva la consustanzialità, cioè l'identità di sostanza, tra il Padre e il Figlio, quest'ultimo «generato, non creato») contro gli ariani (sostenitori invece della sola divinità del Padre).

Seleucia al Calicadno
(Silifke)

La città, fondata nel III secolo a.C., sorge un centinaio di chilometri a ovest di Tarso. È dominata dal castello medievale dell'acropoli e bagnata dal Göksu (l'antico Calicadno), dove il 10 giugno 1190 annegò uno dei condottieri della terza Crociata, l'imperatore Federico Barbarossa. Qualche decennio

Il castello medievale

Vista di Seleucia dal castello

Antica cisterna nei pressi della chiesa di Santa Tecla

Il fiume Calicadno (odierno Göksu)

dopo la tragica fine del Barbarossa, ecco come questa viene descritta dall'anonimo autore di una *Storia dei pellegrini*:

«La via, molto stretta e difficile, ora attraversava dirupi e prominenze di monti, ora scendeva nella profondità delle valli presso cui scorre il fiume che passa davanti alla città di Saleph. Avanzando faticosamente, i pellegrini soffrivano molto la calura. Ora mentre alcuni cavalieri della colonna imperiale che veniva dietro perlustravano per vedere se il fiume era guadabile, l'imperatore, benché sconsigliato dai suoi, entrò risolutamente nel fiume per rinfrescarsi e lavarsi. Ma essendosi avventurato a passare a nuoto, improvvisamente in mezzo al fiume, stanco e già in procinto di andare a fondo, invocò lamentosamente l'aiuto di un suo soldato che era sceso in acqua con lui. E quegli, cercando di soccorrerlo subito, lo afferrò in mezzo alle onde: alla fine però il prevalere dell'impeto della corrente lo strappò a forza da lui facendogli evitare a stento il naufragio. Allora un altro, stando a cavallo, in fretta ma troppo tardi, afferrò l'imperatore che ondeggiava nel vortice. E così purtroppo l'imperatore portato a riva spirò tra la costernazione e per la iattura dell'esercito. O sommamente funesta e miserevole punizione del popolo cristiano, i cui peccati esigono che venga infranta così la colonna del diritto e della fede. O fatale e odioso letto del fiume, nel quale è spenta la luce di ogni rettitudine. In un piccolo gorgo viene schiantato il capo e l'apice di tutto il mondo».[1]

[1] Originale latino in A. Chroust, *Quellen zur Geschichte der Kreuzzuges Kaiser Friederichs I*, Berlin 1928, 171-172.

Memoriale di Santa Tecla. A Seleucia la Santa, il cui culto ebbe una straordinaria diffusione sia in Oriente che in Occidente, avrebbe passato l'ultima parte della sua vita. Molte incertezze avvolgono la sua figura storica. Conquistata dal messaggio di Paolo, Tecla avrebbe rotto un fidanzamento. Condannata ad essere bruciata al palo, venne miracolosamente risparmiata. Accompagnò allora Paolo nel suo viaggio ad Antiochia di Pisidia, dove respinse l'offerta di un ufficiale della città. Gettata alle bestie feroci nell'arena e di nuovo risparmiata, Paolo le consentì di diventare maestra.

Capitello della chiesa di Santa Tecla

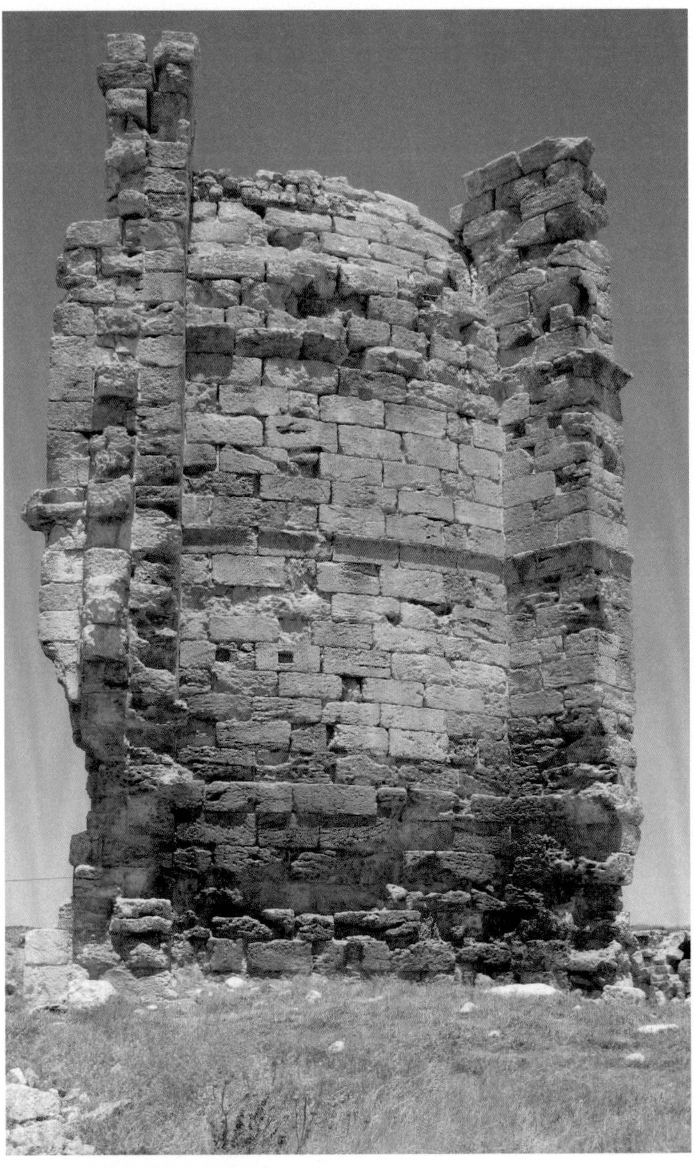

Rovine della chiesa di Santa Tecla

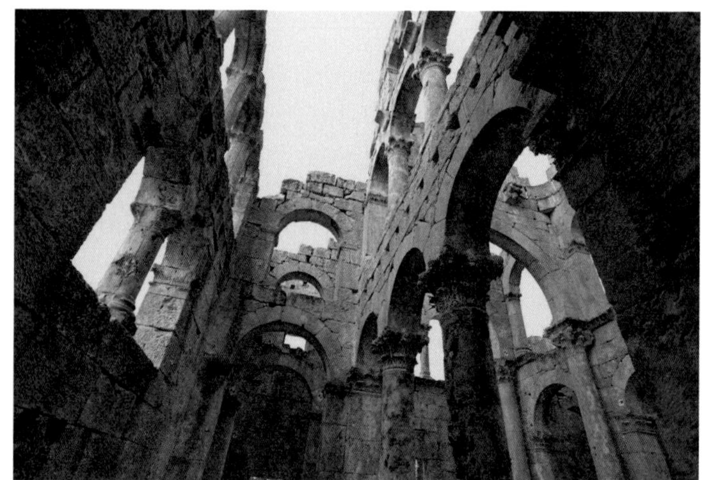

Monastero di Alahan: la chiesa dell'Est

Si trasferì a Iconio, poi a Seleucia. La sua vita viene narrata negli *Atti di Paolo e Tecla*.

A sud della città, sulla collina di Meryemlik, sorgono i resti della basilica eretta nel V secolo sulla sua tomba. Il luogo era già noto all'epoca di Egeria (IV secolo) ed era meta di pellegrinaggi.

● **MONASTERO DI ALAHAN.** Lungo la strada verso Konya (n. 715), a un centinaio di chilometri da Silifke, questo luogo merita una visita. Immerso nel massiccio del Tauro, si tratta di un antico complesso cristiano composto da due edifici: la chiesa degli Evangelisti (dai busti in essa ritrovati che probabilmente li ritraggono) del V secolo, oggi allo stato di rovine; e la chiesa dell'Est (VI sec.), a tre navate e in ottimo stato di conservazione.

Iconio (Konya) **Antiochia di Pisidia** (Yalvaç)

● **ICONIO.** Col verde smeraldo della sua cupola conica rivestita di maioliche, emergenti dal nero di diciotto cupolette ricoperte di piombo, il *tekke* o convento di Mevlâna appartiene alla magnifica arte musulmana che rende Konya, oasi di verde nella steppa assolata e riarsa dell'Anatolia centrale, una tra le città più interessanti e caratteristiche della Turchia moderna.

Centro frigio di notevole importanza, caduto poi sotto la dominazione dei Persiani, dei Seleucidi e degli Attalidi, Iconio passò ai Romani nel 133 a.C. in forza del testamento di Attalo III di Pergamo, e fu inclusa nella provincia di Asia. I nomi di *Claudiconium* e di *Colonia Aelia Adriana Augusta Iconiensium*, con cui è chiamata nei primi due secoli dell'era volgare, testimoniano le sollecitudini munifiche degli

Iconio: il monastero di Mevlâna

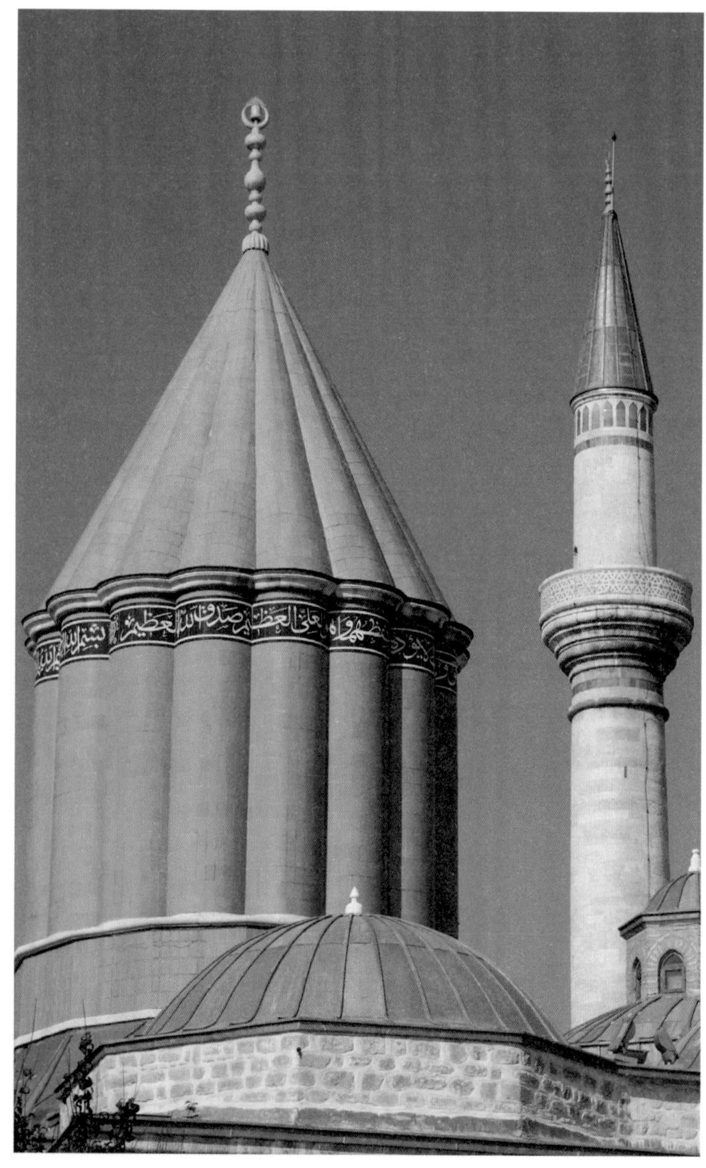

Iconio: la cupola conica del monastero di Mevlâna

Iconio: il sarcofago di Jalāl al-Dīn Rūmī all'interno del monastero

Iconio: Madrasa Ince Minareli (madrasa "dal minareto slanciato"), XIII sec.

imperatori Claudio e Adriano per la città. Konya visse il suo periodo più fulgido nei secoli XI-XIII quando, occupata dai Turchi Selgiuchidi, divenne l'opulenta e dotta capitale del sultanato di Rum. Satellite del vicino sultanato di Karaman dal 1277, due secoli dopo, nel 1467, fu incorporata nell'impero ottomano da Maometto II il Conquistatore.

◗ **Museo di Mevlâna.** Dopo la soppressione delle confraternite religiose ordinata da Atatürk, questo antico convento (*tekke*) dei Dervisci danzanti, che solo in minima parte risale al secolo XIII, è dal 1927 un museo. Cuore del vasto complesso architettonico è la magnifica *türbe* (monumento funerario) del fon-

Dervisci danzanti

Iconio: museo di Mevlâna, interno

Iconio: copia del *Masnavī* di Rumi custodita al museo di Mevlâna

datore Mevlâna, un sarcofago di marmo coperto da un broccato d'oro pesante oltre quaranta chili, dono di Maometto II.

"Il nostro Maestro" (così s'interpreta il nome di Mevlâna) è il titolo onorifico dato dai discepoli al poeta e mistico Jalāl al-Dīn Rūmī, nato a Balkh in Afghanistan nel 1207 e vissuto a Konya fino alla morte (1273). Abbracciato il sufismo, nell'ardore di penetrare le profondità

Antiochia di Pisidia: il teatro

inaccessibili di Dio, Mevlâna diede origine alla confraternita dei "poveri di Dio" o Dervisci danzanti, destinata a incidere profondamente sulla religiosità islamica e a conseguire grande autorità in sede politica: dal XVII secolo al capo della setta spetterà il compito di cingere la spada al neo eletto sultano ottomano. Enorme fu l'importanza che Mevlâna e i suoi discepoli attribuirono alla musica e alla danza: per abbeverarsi alle fonti d'amore della divinità trascendente non c'è via migliore che rievocare col flauto e altri strumenti, e imitare con la danza vorticosa, l'armonia e il moto delle sfere celesti.

Antiochia di Pisidia: resti del tempio

Il Museo di Mevlâna contiene il sepolcro del Maestro (contemporaneo di san Francesco di Assisi) e dei suoi discepoli. Il mausoleo è stato trasformato in un museo d'arte islamica che espone manoscritti, tappeti e strumenti musicali dei Dervisci.

● **ANTIOCHIA DI PISIDIA.** L'odierna Yalvaç fu fondata da Seleuco I nel III secolo a.C. Nel 39 a.C. venne concessa in dono da Antonio al re di Galazia, Aminta, e dopo la sua morte ritornò in possesso di Roma (25 a.C.). Gli scavi hanno portato alla luce una porta della città, un tempio romano, il teatro, le terme, l'acquedotto e una chiesa bizantina.

San Paolo

Gli Atti degli Apostoli ci presentano Iconio come il sofferto campo di apostolato di san Paolo nel primo viaggio missionario. L'apostolo vi si recherà con Sila (16,2) anche nel corso del secondo viaggio.

Allora essi, scossa contro di loro la polvere dei piedi, andarono a Icònio. [52]*I discepoli erano pieni di gioia e di Spirito Santo. Anche a Icònio essi entrarono nella sinagoga dei Giudei e parlarono in modo tale che un grande numero di Giudei e di Greci divennero credenti.* [2]*Ma i Giudei, che non avevano accolto la fede, eccitarono e inasprirono gli animi dei pagani contro i fratelli.* [3]*Essi tuttavia rimasero per un certo tempo e parlavano con franchezza in virtù del Signore, che rendeva testimonianza alla parola della sua grazia e concedeva che per mano loro si operassero segni e prodigi.* [4]*La popolazione della città si divise, schierandosi alcuni dalla parte dei Giudei, altri dalla parte degli apostoli.* [5]*Ma quando ci fu un tentativo dei pagani e dei Giudei con i loro capi di aggredirli e lapidarli,* [6]*essi lo vennero a sapere e fuggirono nelle città della Licaònia, Listra e Derbe, e nei dintorni,* [7]*e là andavano evangelizzando* (At 13,51-14,7).

Paolo, nello stesso primo viaggio missionario (intorno al 47 d.C.), visitò con Barnaba anche Antiochia di Pisidia, provenendo da Perge (cfr. At 13,14-52). La città era situata presso la grande strada commerciale che da Efeso, attraverso l'Asia Minore, portava in Oriente. La sua posizione strategica è evidente. Luca sintetizza così i fatti: la Parola venne proposta prima agli Ebrei nelle sinagoghe. Quando questi la rifiutarono, Paolo si rivolse allora ai pagani. I Giudei però sobillarono alcune donne di alto rango e suscitarono una persecuzione contro Paolo e Barnaba e li scacciarono dalla città.

Gerapoli (Pamukkale) **Afrodisia** (Aphrodisias, Stavrapolis, Geyre)

● **GERAPOLI.** Fu fondata intorno al 190 a.C. da Eumene II di Pergamo (197-159). In seguito al testamento di Attalo III, passò nel 133 ai Romani, che quattro anni più tardi la inglobarono nella provincia di Asia. Risorta dopo il terremoto del 17 d.C. e ricostruita, la città raggiunse grande splendore nei

Gerapoli: il cardo e la porta bizantina

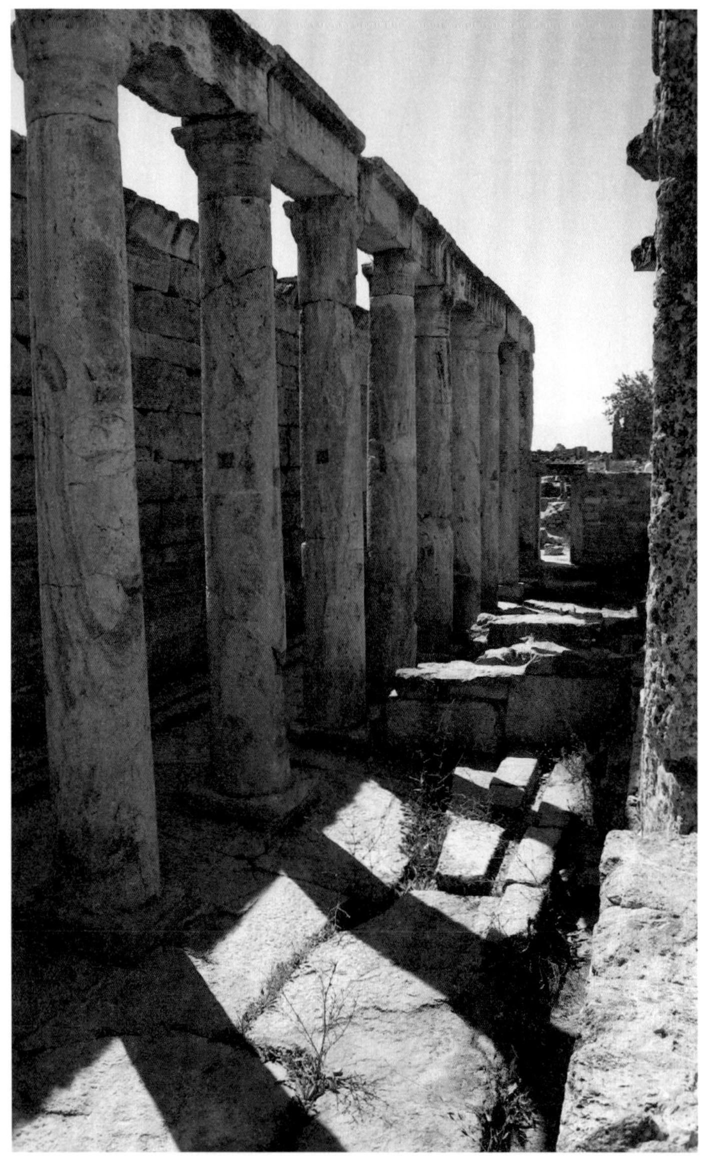

Gerapoli: latrine nei pressi della porta di Giulio Frontino

Gerapoli: il teatro

secoli II e III d.C. Nel XII secolo fu distrutta, probabilmente dai Turchi Selgiuchidi.

Oggi a Pamukkale si possono ancora ammirare, tra gli altri, le mura dei secoli IV e V, la porta monumentale del proconsole d'Asia Giulio Frontino (82-83 d.C.), due imponenti edifici termali, un teatro (in ottime condizioni), due grandi ninfei e il tempio di Apollo. In uno stato di conservazione che è certamente il migliore di tutta l'antichità classica, inoltre, lungo la strada conosciuta come "via dei sepolcri" si allineano innumerevoli fosse semplici, sarcofagi, edicole in pietra, ipogei, tumuli circolari.

Gerapoli: sarcofago conservato al Museo archeologico

Le cascate. Costituiscono uno spettacolo "da fiaba": mille rivoli di acqua ricca di sali di calcio che scivolano

Gerapoli: resti di abitazioni nobiliari

Gerapoli: il tempio di Apollo

Gerapoli: le celebri formazioni calcaree

lungo le pareti di travertino della montagna e si solidificano, quasi a formare un "castello di cotone" (*pamukkale* in turco). Gli antichi erano convinti che la grotta da cui sgorgava quell'acqua termale fosse una delle porte del regno infero di Plutone, e la chiamarono appunto "Plutonio". Ma se a taluni incuteva timore, da altri quell'acqua era utilizzata a scopi industriali, per epurare la lana dei montoni e fissare meglio i colori dei tessuti che rendevano celebre e ricca la città.

◗ **Martyrion di San Filippo.** Nella sua *Storia ecclesiastica* (3,31,3) Eusebio di Cesarea (265-340) riporta il brano della lettera in cui il vescovo di Efeso Policrate parla a papa Vittore (189-199) della tomba degli apostoli Filippo e Giovanni, la prima proprio a Gerapoli:

«Nell'Asia tramontarono due grandi astri, che risorgeranno nel giorno estremo, allorché il Signore comparirà e verrà con gloria dal cielo a cercare tutti i Santi. Essi sono Filippo, uno dei Dodici, che riposa a Gerapoli insieme a due delle sue

Gerapoli: resti della chiesa di San Filippo

figlie invecchiate nella verginità, mentre l'altra, vissuta nello Spirito Santo, è stata sepolta a Efeso; e Giovanni, che posò sul petto del Signore, e che da sacerdote portò la lamina d'oro, martire e dottore ad un tempo, che ha la tomba ad Efeso».

Costruita all'inizio del V secolo in onore dell'apostolo martire di Cristo, la grande chiesa ottagonale dominava la città. Oggi se ne visitano i resti accedendovi tramite una grande scalinata.

Gerapoli: chiesa di San Filippo, particolare

La presenza cristiana

La nascita di una locale comunità cristiana si deve allo zelo di Epafra, discepolo di Paolo, che fu probabilmente il principale evangelizzatore della regione durante il periodo efesino dell'Apostolo (54-57 d.C.). Gerapoli ospitò anche l'apostolo Filippo e intorno al 130 vide emergere la figura del vescovo Papia, autore di una *Esposizione dei detti del Signore* (pervenutaci frammentaria) che raccoglie la tradizione orale dei discepoli degli apostoli. Fu vescovo della città anche l'apologista Claudio Apollinare, autore molto prolifico ma del quale non ci rimangono che i titoli di alcune opere. Dopo di lui, le notizie sulla locale comunità cristiana si diradano, fin quasi a scomparire; sappiamo che un certo Flacco di Gerapoli fu tra i padri conciliari a Nicea (325) e che dal 553 al 680 Gerapoli ottenne il titolo di Chiesa metropolitana.

● **AFRODISIA.** Fiorì soprattutto tra il III secolo a.C. e il III d.C. la città che ebbe il nome della dea dell'amore, il cui locale famosissimo tempio ionico godeva del diritto di asilo. Nel 39 a.C. i Romani la riconobbero "città libera"; nel V secolo i Bizantini la battezzarono Stavrapolis, "città

Afrodisia: il tempio di Afrodite

Afrodisia: il Tetrapilo (porta monumentale) del II sec. d.C.

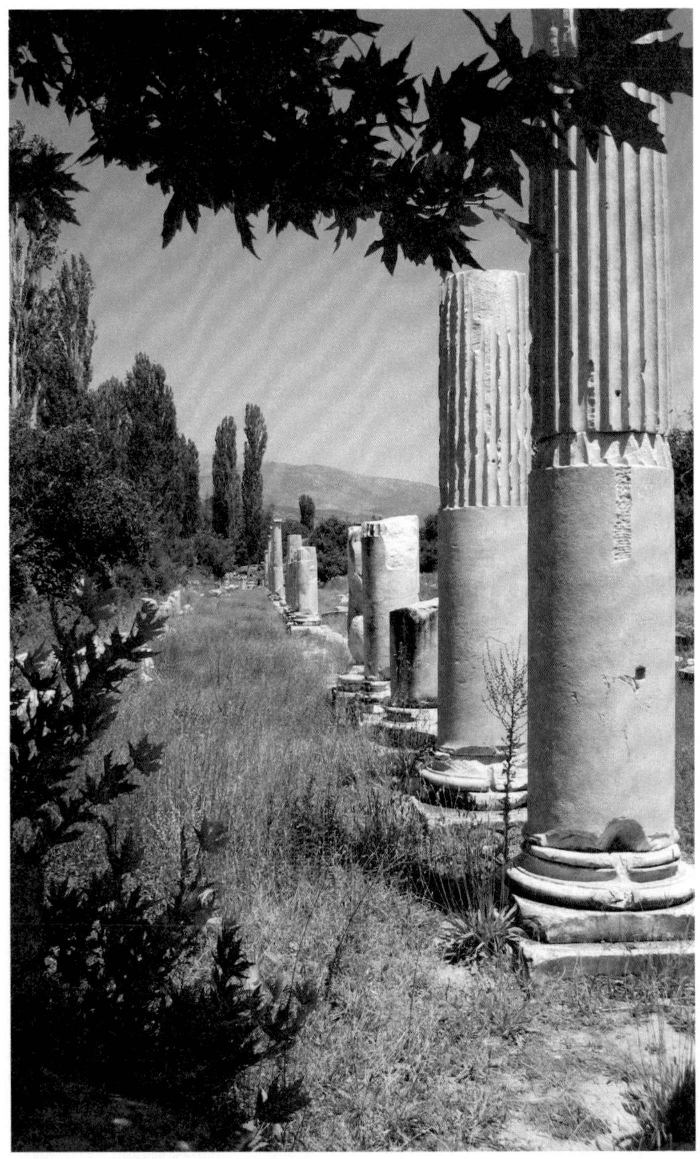

Afrodisia: uno dei colonnati dell'agorà

Afrodisia: l'odeon

Afrodisia: il teatro

della croce". Occupata dai Turchi Selgiuchidi nel XII secolo, cessò di vivere poco dopo il saccheggio dei Mongoli di Tamerlano (1402). Gli scavi hanno riportato alla luce, tra gli altri, l'agorà porticata in stile ionico dedicata a Tiberio, le

Afrodisia: lo stadio

Afrodisia: reperti esposti nel museo locale

terme del tempo di Adriano, il teatro del I secolo d.C., un odeon del II, un ginnasio e un ninfeo. È lungo 227 m, invece, il magnifico e ben conservato stadio destinato alle corse podistiche (I secolo d.C.). Sul tempio di Afrodite nel IV secolo fu costruita una chiesa, di cui si possono ammirare non pochi resti. Sede di una celebre scuola di scultori (si conoscono almeno tre artisti originari di Aphrodisias di nome Zenone), la città diede i natali anche al filosofo Alessandro (I-II sec. d.C.), uno dei maggiori interpreti del pensiero di Aristotele.

Mileto (Balat)

Colonia ionica del IX secolo a.C., fu la più ricca città della Decapoli nei secoli VII e VI. Nel 499 a.C. capeggiò l'insurrezione ionica e venne distrutta nel 494 dai Persiani. Ciò secondo Erodoto (*Storie* VI, 21) fu considerato ad Atene disastro nazionale: «Gli Ateniesi dimostrarono chiaramente in molti modi d'esser rimasti assai addolorati per la presa di Mile-

Il teatro

Resti del portico di una delle agorà

La Porta del Mercato di Mileto conservata al Pergamonmuseum di Berlino

to, e particolarmente per opera di Frinico, che aveva composto una tragedia sulla presa di Mileto e l'aveva rappresentata, il teatro scoppiò in pianto, e gli fu imposta una multa di 1.000 dracme perché aveva ricordato sventure nazionali, e fu imposto che nessuno più mettesse in scena un tale dramma».

Terme di Faustina

Terme di Faustina, il calidario

Liberata nel 479 a.C. dalla do-minazione persiana e ricostruita secondo il sistema urbanistico del concittadino Ippodamo, Mileto entrò nella lega delio-attica per poi ricadere di nuovo sotto i Persiani. Nel 334 fu conquistata da Alessandro Magno. Passò poi ai Seleucidi, agli Attalidi (190) e nel 133 a.C.

La moschea İlyas Bey (1403) tra le rovine della Mileto antica

ai Romani, che la incorporano alla provincia di Asia. La città riacquistò parte dell'antico splendore, soprattutto ai tempi di Augusto e di Adriano. Sede arcivescovile in età bizantina, fu occupata dai Selgiuchidi nell'XI secolo, finché nel 1424 divenne possedimento definitivo degli Ottomani con Murat II.

Fu città natale d'illustri filosofi, scienziati e letterati. Nel VI secolo a.C. vi troviamo Talete, il creatore della ricerca scientifico-filosofica, che fissò l'acqua quale causa unica della realtà molteplice; Anassimandro, astronomo e geografo, che identificò tale causa universale con un principio infinito, indeterminato; Anassimene, che la individuò invece nell'aria; lo storico e geografo Ecateo, precursore di Erodoto; il poeta Focilide. Nel V secolo a.C. ricordiamo Leucippo, fondatore della scuola atomistica di Abdera, e Dionisio, autore della prima storia orientale; nel II secolo Aristide, famoso per le sue novelle erotiche.

Resti ellenistici e romani. Dedicato ad Apollo Delfico, e per questo conosciuto come Delfinio, questo famoso recinto sacro colonnato con un altare circolare sul fondo fu costruito in età ellenistica (IV secolo a.C.) e restaurato in epoca romana sotto Adriano (II sec. d.C.). Oltre al tempio ionico di Atena (V sec. a.C.), al tempietto di Roma e Augusto (I sec. d.C.) e al Se-

Frontone del Serapeio

rapeio (III sec. d.C.), la città dai quattro porti presenta ancora mura difensive (VII sec. a.C.-VI d.C.); quattro porte, tra cui la "Porta sacra" e la "Porta dei leoni"; tre agorà ellenistiche porticate; gli edifici termali di Gneo Virgilio Capitone (II sec. d.C.) e di Faustina (i resti di queste ultime, donate dalla moglie di Marco Aurelio, sono davvero imponenti); un ninfeo del I sec. d.C.; un ginnasio con palestra e uno stadio, entrambi del II sec. a.C. Di grande interesse, inoltre, il *bouleuterion* (edificio che ospitava il consiglio – *boulé* – delle antiche *polis* greche) a pianta rettangolare, per 500 consiglieri, edificato nel II sec. a.C. e dedicato ad Antioco IV Epifane; e il grandioso teatro (secoli II-III d.C.) per 25 mila spettatori, nel quale due colonne mostrano ancora il posto riservato all'imperatore, e una iscrizione designa il «luogo assegnato ai Giudei, detti pure credenti in Dio».

Decorazioni a zampa di leone nel teatro

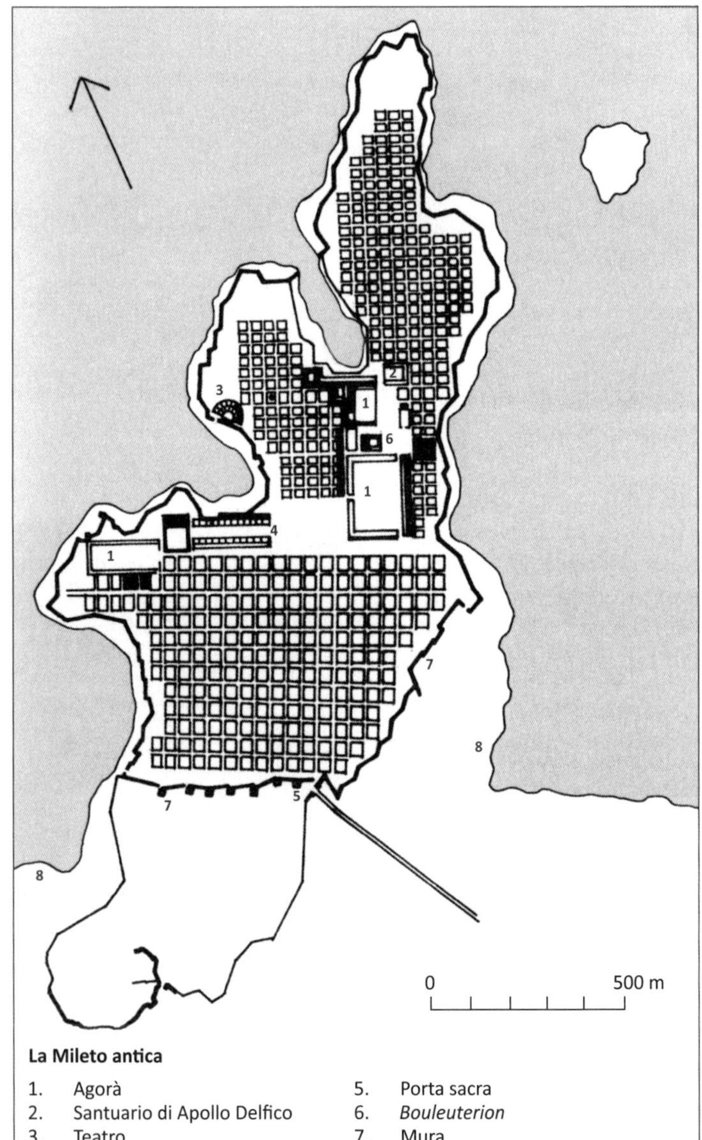

La Mileto antica

1. Agorà
2. Santuario di Apollo Delfico
3. Teatro
4. Stadio
5. Porta sacra
6. *Bouleuterion*
7. Mura
8. Antica linea del litorale

L'Apostolo passò di qui al rientro dal suo terzo viaggio missionario (58 d.C.). Dato che si sarebbe fermato solo per pochi giorni, fece venire apposta da Efeso gli «anziani della Chiesa» per rivolgere loro il proprio messaggio di vicinanza pastorale e di saluto (cfr. At 20,17-38). Questo discorso, l'unico pervenutoci tra quelli indirizzati da Paolo ai soli cristiani, è stato definito anche il suo "testamento spirituale", per la vibrante partecipazione, il sentimento di ciò che l'attende a Gerusalemme e l'apologia del proprio operato:

> *Voi sapete come mi sono comportato con voi per tutto questo tempo, fin dal primo giorno in cui arrivai in Asia: ho servito il Signore con tutta umiltà, tra le lacrime e le prove che mi hanno procurato le insidie dei Giudei; non mi sono mai tirato indietro da ciò che poteva essere utile, al fine di predicare a voi e di istruirvi, in pubblico e nelle case, testimoniando a Giudei e Greci la conversione a Dio e la fede nel Signore nostro Gesù. Ed ecco, dunque, costretto dallo Spirito, io vado a Gerusalemme, senza sapere ciò che là mi accadrà. So soltanto che lo Spirito Santo, di città in città, mi attesta che mi attendono catene e tribolazioni. Non ritengo in nessun modo preziosa la mia vita, purché conduca a termine la mia corsa e il servizio che mi fu affidato dal Signore Gesù, di dare testimonianza al vangelo della grazia di Dio. E ora, ecco, io so che non vedrete più il mio volto, voi tutti tra i quali sono passato annunciando il Regno. Per questo attesto solennemente oggi, davanti a voi, che io sono innocente del sangue di tutti, perché non mi sono sottratto al dovere di annunciarvi tutta la volontà di Dio. Vegliate su voi stessi e su tutto il gregge, in mezzo al quale lo Spirito Santo vi ha costituiti come custodi per essere pastori della Chiesa di Dio, che si è acquistata con il sangue del proprio Figlio. Io so che dopo la mia partenza verranno fra voi lupi rapaci, che non risparmieranno il gregge; perfino in mezzo a voi sorgeranno alcuni a parlare di cose perverse, per attirare i discepoli dietro di sé. Per questo vigilate, ricordando che per tre anni, notte e giorno, io non ho cessato, tra le lacrime, di ammonire ciascuno di voi* (At 20,18-31).

Paolo avrebbe però fatto ritorno a Mileto (cfr. 2Tm 4,20) e vi avrebbe lasciato Trofimo, un suo discepolo di Efeso che non poté proseguire con lui perché ammalato.

Efeso

[→*Liturgia della Parola* p. 157]

Colonia ionica nell'XI sec. a.C., divenne nei secoli VII e VI la più potente città della Decapoli ionica. Intorno alla metà del V secolo fu sotto la sovranità della Lidia, poi della Persia, da cui Alessandro Magno la liberò nel 334. Riorganizzata da Lisimaco sulle due colline di Pion a nord e Coresso

Il teatro

Odeon

Agorà

Tempio di Adriano

a sud (ora rispettivamente *Panayr Dagi* e *Bülbül Dagi*), e divenuta il gran porto dell'Asia Minore, fu oggetto di contesa fra i diadochi (i generali di Alessandro che si contesero l'impero alla sua morte). Nel 190 a.C. fu posta sotto il controllo degli Attalidi dai Romani che, avutala in possesso nel 133, la fecero capitale della provincia d'Asia. A parte gli eccidi dei "vespri efesini", perpetrati nell'84 a.C. da Mitridate del Ponto contro i cittadini romani alla fine della sua quadriennale occupazione della città, Efeso godé sotto Roma di un altro periodo di enorme prosperità e splendore. Saccheggiata nel 700 e nel 716 dagli Arabi che tornavano dagli infruttuosi assedi di Costantinopoli, la popolazione, che aveva già cominciato a lasciare la zona del porto nel IV secolo, si trasferì definitivamente sulla collina di Ayasuluk, dove sorgeva la chiesa di San Giovanni (oggi compresa nella città di Selçuk, un paio di chilometri a nord-est del sito di Efeso). Era solo un'ombra pallidissima del suo glorioso passato quando nel 1426 Murat II la rese possedimento definitivo degli Ottomani.

La Via Arcadiana (porticata), che congiungeva il porto al teatro

◗ **La Via Arcadiana.** Così chiamata dal nome dell'imperatore Arcadio (395-408) che la restaurò, era la strada di marmo lunga 530 m, lussuosamente porticata e illuminata di notte, che congiungeva il porto al teatro della città. Altra importante arteria cittadina era la cosiddetta "Via di marmo" (per le lastre con cui fu rivestita nel IV sec. d.C.), che portava dalla biblioteca al teatro.

◗ **Gli edifici pubblici.** Venticinquemila spettatori trovavano posto nell'enorme e lussuoso teatro scavato sulle pendici occidentali del monte Pion. Nella sua forma attuale, fu iniziato sotto Claudio (34-41 d.C.) e terminato sotto Traiano (98-117). È in questo teatro che ebbe luogo la rivolta contro san Paolo. Tra gli altri edifici pubblici notevoli, ricordiamo: l'odeon (costruito verso la metà del II secolo d.C. dai ricchi coniugi efesini P. Vedio Antonino e Flavia Papiana), che poteva contenere duemila spettatori; il ginnasio settentrionale e quello orientale, dovuti l'uno ai due mecenati appena citati e l'altro a Flavio Damiano, genero dell'ultimo dei Vedii (III sec. d.C.) e comprendenti palestra, terme e sala per il culto

Biblioteca di Celso

imperiale; i complessi termali, tra cui le grandiose terme del Porto o di Costantino, edificate nel II sec. d.C. e restaurate da Costantino II (IV sec.), e le terme di Scholastikia, cristiana efesina del IV secolo; l'agorà ellenistica (quadrilatero di m 110 di lato con clessidra centrale) e l'agorà romana di età flavia (I sec. d.C.); lo stadio (m 230x30) risalente al tempo di Nerone (I sec. d.C.), con un portale monumentale del III-IV sec.; il palazzo civico o *bouleuterion*, eretto nel III sec. a.C. e ricostruito sotto Augusto. Notevole infine il ninfeo di Traiano, fontana monumentale che nel 102-114 Tiberio Claudio Aristione realizzò in onore dell'imperatore Traiano, la cui statua colossale collocata nella nicchia centrale del piano inferiore fu rinvenuta in stato frammentario. Oltre al culto di Artemide, Efeso ospitava numerosi templi (di cui rimangono solo rovine) intitolati a divinità pagane (come il grandioso Serapeio) o a imperatori romani (come l'imponente tempio a Domiziano e quello molto elegante ad Adriano).

Biblioteca di Celso. In soddisfacente stato di conservazione è la biblioteca eretta nel

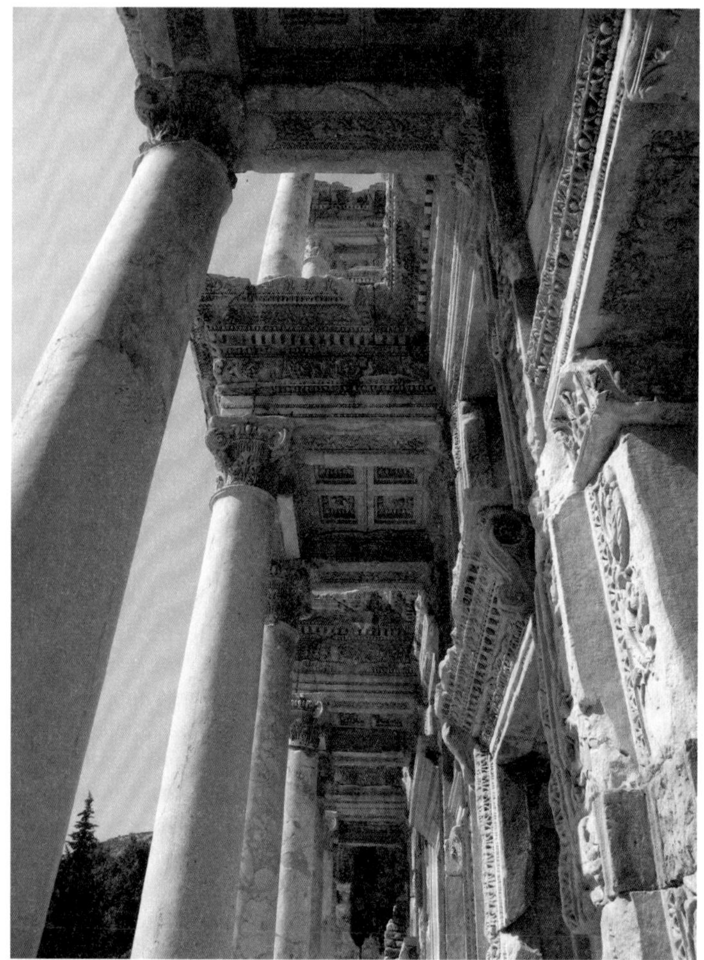

Biblioteca di Celso

II sec. d.C. da C. Giulio Aquila in memoria del padre, C. Giulio Celso Polemeano, proconsole della provincia di Asia nel 106. Fu una delle più famose biblioteche dell'Antichità, distrutta da un incendio nel 262 e in seguito da un terremoto. Statue della Virtù, della Scienza, della Fortuna e della Sapienza

Resti della basilica del Concilio

decoravano il primo dei due ordini di colonnati della grande facciata. Una statua di Atena troneggiava nell'abside centrale della parete occidentale della sala interna (m 16,50x11) dove, su tre piani, si allineavano manoscritti e pergamene. Oltre alla biblioteca, Efeso poteva vantare anche un *museion*, che sorgeva dove attualmente si trova la diroccata chiesa del Concilio e che certamente ospitava un gruppo di studiosi dediti a lezioni, ricerche, dibattiti.

◗ **Chiesa di Santa Maria o del Concilio.** Basilica a tre navate sorta nel IV secolo sul *museion* della città, si tratta della prima chiesa intitolata alla Madonna, indizio della possibile presenza della Vergine in questi luoghi. Vi si celebrarono due importanti concili (431 e 449), il primo dei quali condannò il nestorianesimo (che sosteneva la separazione delle due nature, umana e divina, di Cristo), scagliandosi così contro «chi non confessa che l'Emmanuele è veramente Dio e quindi che la Santa Vergine è Madre di Dio, dal momento che generò secondo la carne il Verbo di Dio incarnato». La denominazione di "chiesa doppia", data alle rovine attuali, allude alla seconda chiesa, più piccola, costruita nel recinto dell'antica basilica dopo il saccheggio arabo dell'VIII secolo.

Santuario di Meryem Ana

Santuario di Meryem Ana. Avvolta dalla santità del silenzio, tra la vegetazione lussureggiante, una cappella devozionale ricorda, 5 km a sud-ovest di Efeso, la morte della Vergine che, secondo una tradizione antichissima risalente al IV secolo, chiuse invece il corso della sua vita a Gerusalemme. Preceduta da un vestibolo risalente al VII secolo, la piccola costruzione termina con un'abside mantenuta nel suo stato primitivo (IV sec.). La parte centrale fu trasformata in cappella in epoca imprecisata. Sulla base delle ricerche archeologiche, pare comunque che essa – almeno nelle sue fondamenta – risalga al I sec. d.C. Negli scavi iniziati nel 1898, sono venuti alla luce pezzi di marmo annerito dell'antico pavimento e fuliggine indurita. Le ricerche dinanzi al piccolo edificio hanno altresì portato alla scoperta di tre tombe, due delle quali contenenti uno scheletro completo con il capo orientato verso la cappella e tra le mani monete di Costante (350), Anastasio I (518) e Giustiniano (565). Tutt'intorno alla piccola chiesa, e soprattutto sul lato nord, gli scavi hanno rinvenuto una grande quantità di ossa e resti di ceramiche ellenistiche (ancora in uso nel I sec. d.C.) e romane (I-II sec. d.C.), il che proverebbe l'abitazione del luogo in questo tempo.

Ulteriori ricerche inducono a ritenere che in questa zona, in epoca bizantina, sorgesse un

Grotta dei Sette Dormienti

monastero avente per centro proprio Meryem Ana. L'interesse archeologico per questo sito risale alla fine dell'Ottocento. Sulla base di alcune visioni di Anna Katharina Emmerich (1774-1824), una mistica tedesca che descrisse al suo confessore Clemens Brentano momenti e luoghi della vita di Maria, si intrapresero le prime ricerche. Nel 1891 alcuni Padri Lazzaristi, residenti a Smirne, trovarono la supposta abitazione della Vergine seguendo proprio la descrizione offerta dalla Emmerich: la casa in rovina, la sua collocazione sul pendio del monte, il mare di fronte. Da quel momento la casa della Madonna è divenuta meta di pellegrinaggi, tanto di cristiani che di musulmani.

La Madonna a Efeso

Sulla presenza di Maria a Efeso, le fonti scritte del cristianesimo primitivo non forniscono indicazioni. Tuttavia, il fatto che al momento della crocifissione Cristo abbia affidato sua madre all'apostolo Giovanni, che risedette a Efeso (cfr. Gv 19,27), risulta significativo. In virtù di questa tradizione mariana, non sembra casuale che proprio a Efeso si sia svolto nel 431 il concilio che affermò la divina maternità di Maria. Alcuni manoscritti greci e latini del concilio efesino presenti nella Biblioteca Vaticana farebbero menzione del soggiorno di Maria con Giovanni a Efeso, almeno per un certo tempo.

Grotta dei Sette Dormienti. A questo luogo, che sorge nell'area della necropoli alle pendici del monte Pion, è legata la leggenda, molto diffusa in Oriente, dei Sette Dormienti. Durante la persecuzione di Decio (250 circa), sette giovani cristiani di Efeso si rifugiarono in una grotta. Scoperti, furono murati vivi in essa. Si prepararono allora a ricevere la morte. Inaspettatamente, però, caddero in un sonno profondo; al loro risveglio, si accorsero che erano passati 200 anni e che il cristianesimo era ormai religione di Stato. La loro vicenda costituì per molti, tra cui lo stesso imperatore Teodosio II, una prova della resurrezione dei corpi. La leggenda trova posto anche nell'islam; ve ne è infatti riferimento nella sura XVIII del Corano, detta appunto "della caverna".

San Paolo

Visitata fugacemente alla fine del secondo viaggio (cfr. At 18,19-21), nel terzo Efeso diventa per tre anni campo di apostolato di Paolo (cfr. At 19,1-20,1), che da qui scrisse la prima lettera ai Corinzi e forse anche quella ai Filippesi, durante un periodo di detenzione (cfr. 1Cor 15,32; 2Cor 1,8-10). Liberato dalla prima prigionia romana, l'Apostolo vi tornò lasciandovi Timoteo (cfr. 1Tm 1,3). La pagina di Atti 19 (8-9.18-19.23-41) ha l'andamento e la forza psicologica di un dramma, secondo il quale l'efficacia crescente del vangelo di Paolo culmina nel falò degli libri efesini di magia («50 mila monete d'argento» andate in fumo) e provoca la sommossa degli argentieri, colpiti nei sacri interessi della borsa:

Fu verso quel tempo che scoppiò un grande tumulto riguardo a questa Via. Un tale, di nome Demetrio, che era orafo e fabbricava tempietti di Artemide in argento, procurando in tal modo non poco guadagno agli artigiani, li radunò insieme a quanti lavoravano a questo genere di oggetti e disse: «Uomini, voi sapete che da questa attività proviene il nostro benessere; ora, potete osservare e sentire come questo Paolo abbia convinto e fuorviato molta gente, non solo di Efeso, ma si può dire di tutta l'Asia, affermando che non sono dèi quelli fabbricati da mani d'uomo. Non soltanto c'è il pericolo che la nostra categoria cada in discredito, ma anche che il santuario della grande dea Artemide non sia stimato più nulla e venga distrutta la grandezza di colei che tutta l'Asia e il mondo intero venerano». All'udire ciò, furono pieni di collera e si misero a gridare: «Grande è l'Artemide degli Efesini!». La città fu tutta in agitazione e si precipitarono in massa nel teatro, trascinando con sé i Macedoni Gaio e Aristarco, compagni di viaggio di Paolo. Paolo voleva presentarsi alla folla, ma i discepoli non glielo permisero. Anche alcuni dei funzionari imperiali, che gli erano amici, mandarono a pregarlo di non avventurarsi nel teatro. Intanto, chi gridava una cosa, chi un'altra; l'assemblea era agitata e i più non sapevano il motivo per cui erano accorsi (At 19,23-32).

L'Artemisio. Un solitario stagno paludoso in cui affiora qualche moncone di colonna, è quanto resta di una delle sette meraviglie del mondo antico: il grandioso santuario panellenico di Artemide, oggi ai margini della città di Selçuk, a nord-est di Efeso. Distrutto dai Cimmeri nel VII sec. a.C., incendiato dal folle Erostrato nel 356 la notte stessa – ripete anche Plutarco – in cui nacque Alessandro Magno, saccheggiato dai Goti nel 263 d.C., l'Artemisio risorse sempre dalle rovine per la sollecitudine dei suoi devoti anatolici e greci e la liberalità di monarchi famosi come Creso e Alessandro. Il tempio del VI secolo a.C. (come anche quello ellenistico), di stile ionico, misurava m 115x55 e sfoggiava 127 colonne sui quattro lati e negli atri anteriore e posteriore. La statua di Artemide era in un tempietto (*naiskos*) del cortile scoperto. Il santuario, ricchissimo di opere d'arte e di offerte, godeva del diritto di asilo confermato dall'imperatore Tiberio.

Artemide Efesina

Si trattava in origine non della vergine Artemide, cacciatrice sorella di Apollo, ma della dea efesina della fecondità e della vita Artemide Polimaste («dalle molte mammelle – dice san Girolamo – che i Greci chiamano *polymastos*, esprimendo così falsamente, con la sua immagine, che essa è nutrice di tutte le bestie e di tutti i viventi»). Il tipo iconografico dell'Artemide Polimaste venerata a Efeso – che riproduceva con poche varianti la statua di cedro venerata nell'Artemisio – comprendeva immancabilmente, oltre a un copricapo complicato e a una grossa collana, numerose mammelle che le ornavano il petto fino alla vita, una guaina che le avvolgeva il corpo scendendo fino ai piedi, e molti animali più o meno fantastici intorno al volto, sulle braccia e sulla guaina.

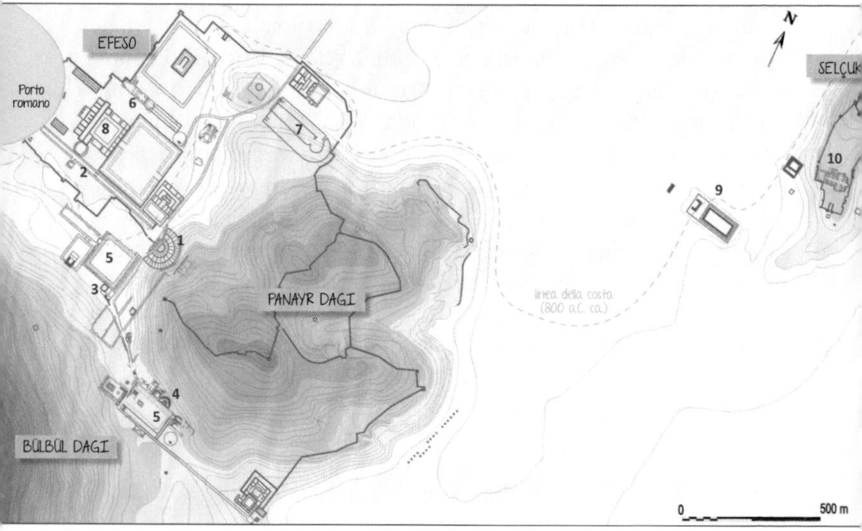

EFESO
Porto romano
SELÇUK
PANAYR DAGI
BÜLBÜL DAGI
linea della costa (800 a.C. ca.)
N
0 500 m

La Efeso antica

1. Teatro
2. Via Arcadiana
3. Biblioteca di Celso
4. Odeon
5. Agorà
6. Chiesa del Concilio
7. Stadio
8. Ginnasio
9. Artemisio
10. Basilica di San Giovanni

Resti della basilica di San Giovanni

Basilica di San Giovanni. A Selçuk, sulla sommità della collina, sorgono i resti della grande basilica (m 110x40) a tre navate che Giustiniano eresse nel VI secolo sopra i resti di una precedente chiesa; quest'ultima custodiva le reliquie di san Giovanni Evangelista, morto vecchissimo a Efeso, e identificato da alcuni con il discepolo prediletto da Gesù (cfr. "Le sette Chiese dell'Apocalisse", p. 98).

Le sette Chiese dell'Apocalisse

Conosciute anche come le sette Chiese dell'Asia, sono indicate nei capitoli 2 e 3 del Libro dell'Apocalisse. Quando l'apostolo Giovanni, probabilmente durante il soggiorno sull'isola greca di Patmos, scrisse l'Apocalisse, esistevano già alcune centinaia di comunità cristiane in tutta l'Asia Minore. Molte di queste piccole comunità avevano imparato a soffrire sotto l'urto delle persecuzioni e si riunivano in gran segreto. Le sette comunità alle quali sono rivolte le lettere dell'Apocalisse non erano né le più grandi, né le più note del loro tempo.

La scelta di queste sette Chiese, nel linguaggio dell'Apocalisse, ha un contenuto simbolico e teologico. Sette è il "numero di Dio" e vuole indicare abbondanza, totalità, perfezione. Pertanto la scelta delle sette Chiese suggerisce il pensiero che l'autore abbia inteso rivolgersi alla Chiesa di Dio nella sua completezza. Tuttavia le località indicate nel testo biblico sono reali e in ciascuna di esse (Efeso, Smirne, Pergamo, Tiatira, Sardi, Filadelfia e Laodicea) esistevano fiorenti comunità cristiane. Cosa resta oggi di quel passato?

Efeso

Le origini della prima chiesa risalgono al IV, se non addirittura al III secolo, quando al di sopra di un gruppo di stanze sotterranee, nelle quali evidentemente la tradizione venerava il luogo di deposizione di Giovanni Evangelista, fu innalzata una *memoria* quadrata (18 m di lato). Agli inizi del V secolo la *memoria* fu racchiusa entro un'ampia basilica cruciforme. Il corpo anteriore, preceduto da nartece, esonartece e protiro, era a tre navate; pure a tre navate erano i bracci laterali; a cinque invece il corpo posteriore, terminato da un'abside. Nel 548 Giustiniano fece erigere, al di sopra di quella preesistente, un'imponente chiesa a pianta cruciforme che ricalcava quella dei Santi Apostoli, da lui fatta edificare a Costantinopoli qualche anno prima.

All'interno la chiesa si articolava in tre navate, quella centrale più ampia, intersecate da un transetto; al centro di quest'ultimo, prima dell'abside, è visibile la tomba dell'Evangelista. Il soffitto della tomba appare rialzato rispetto al piano del terreno ed era originariamente ricoperto a mosaico. Le colonne presentano un capitello ionico del tipo a imposta, costituito da un unico pezzo con il pulvino su cui l'arco poggia direttamente, molto diffuso nell'architettura bizantina. Sui capitelli si notano i monogrammi di Giustiniano e Teodora.

Il battistero a pianta ottagonale che si trova sul lato settentrionale della chiesa risale all'edificio pre-giustinianeo e presenta al centro una vasca circolare entro una pianta cruciforme a cui si accede per mezzo di due brevi scalinate lungo i bracci della croce. Due vasche per l'acqua completano gli altri due bracci.

Smirne (İzmir)

Si contendeva con Efeso il titolo di prima città dell'Asia. La diaspora ebraica, come in tutte le grandi città dell'Asia Minore, era assai numerosa e si distingueva per aggressività verso i cristiani. Per quanto riguarda la vita religiosa, a Smirne si constata la presenza di una grande varietà di culti, ma primeggiava quello imperiale. Tacito (*Annales*, IV, 55-56) ricorda che, quando alla provincia di Asia fu permesso di erigere un tempio all'imperatore e undici città si contendevano questo privilegio, il Senato decise in favore di Smirne a motivo della sua fedeltà a Roma.

Non sappiamo quando giunse il cristianesimo e se vi fossero delle comunità paoline oltre a quella giovannea. L'unica citazione che si fa di Smirne nel Nuovo Testamento è la lettera che l'Apocalisse indirizza alla comunità giovannea della città. Tra le figure eminenti di tale comunità, ricordiamo Policarpo di Smirne, morto nel 155, discepolo di Giovanni apostolo e vescovo di Smirne durante il regno di Traiano: come teologo, godette di grande autorità e fu uno dei pastori più stimati del tempo. È venerato come santo da molte Chiese cristiane e la sua memoria liturgica è celebrata il 23 febbraio (per i Copti, l'8 marzo).

Pergamo (Bergama) [→*Escursioni*, p. 129]

A Pergamo è dedicata la terza delle sette lettere dell'Apocalisse. Questa importante comunità cristiana venne lodata per la sua fede che non teme neppure il martirio e rimproverata per la tolleranza usata nei riguardi degli eretici.

Tiatira (Akhisar)

Identificabile con Akhisar nell'odierna Turchia, è un'antica sede episcopale della provincia romana della Lidia, nella diocesi civile di Asia. Faceva parte del patriarcato di Costantinopoli ed era suffraganea dell'arcidiocesi di Sardi. Era sede di un'antica comunità cristiana, le cui origini risalgono agli albori del cristianesimo. Nel libro degli Atti degli Apostoli si accenna alla conversione di una donna di Tiatira, Lidia, commerciante di porpora (cfr. At 16,14-15). Anche la comunità cristiana di Tiatira fu oggetto dei rimproveri di Giovanni (cfr. Ap 2,18-29). Dell'antica basilica cristiana rimangono poche rovine e parti delle mura laterali.

Sardi (Sart)

A 95 km a est di Smirne, Sardi sorgeva sulle pendici del monte Tmolo (odierno *Bog dag*), tra i fiumi Pactolo ed Ermo. Già abitata in età neolitica, nel 685 a.C. diventa la capitale del regno lidio con Gige, fondatore della dinastia dei Mermnadi. Conquistata da Alessandro nel 344 a.C., la città passa poi ai Seleucidi, e nel 189 è annessa al regno di Pergamo, finché nel 133 i Romani la incorporano alla provincia d'Asia. Nel 17 d.C. è distrutta da un terremoto, e ricostruita da Tiberio; nel 615 subisce il saccheggio di Cosroe II. Nel 1390 diventa possesso definitivo degli Ottomani.

A partire dal 1958 le università americane di Harvard e Cornell hanno finanziato campagne annuali di scavo che hanno rivelato importanti costruzioni di epoca ellenistica e romana (il tempio di Artemide, il ginnasio, lo stadio e il teatro) ma soprattutto hanno dimostrato, con la scoperta di una importante sinagoga, la vitalità delle comunità giudaiche dell'Asia Minore.

Gli scavi hanno portato alla luce anche la presenza di diverse chiese. La più importante si trova nei pressi del tempio di Artemide e servì fin dagli albori della comunità cristiana come cappella funeraria dell'adiacente cimitero. Il ritrovamento di diverse monete nel sito ha convinto gli archeologi che la parte più antica degli edifici cristiani di Sardi è antecedente al 400 d.C., con modifiche e ampliamenti nel VI secolo.

A Sardi è indirizzata la quinta e più severa delle sette lettere dell'Apocalisse (Ap 3,1-6).

Filadelfia (Alaşehir)

A circa 50 km da Sardi, la città esiste tuttora e porta il nome turco di Alaşehir, cioè "città di Dio". Situata in una fertile pianura ai piedi di alte montagne, era un centro commerciale molto attivo, in quanto crocevia di diversi popoli. Una larga strada la collegava alla Misia, alla Frigia e alla Lidia.

Non sappiamo come arrivò il Vangelo in queste zone, ma sappiamo che a Filadelfia c'era già una sinagoga. Molto probabilmente il messaggio cristiano fu rivolto proprio ai fedeli della sinagoga, dando origine alla prima comunità giudeo-cristiana.

A Filadelfia sopravvivono i resti di una grande basilica bizantina dedicata a san Giovanni, un edificio rettangolare a più navate con colonne in marmo.

La comunità cristiana di Filadelfia non dovette essere molto numerosa, ma dovette essere di grande valore: fra le sette Chiese a cui Giovanni si indirizza nel libro dell'Apocalisse (cfr. Ap 3,7-13), infatti, è l'unica a cui non sono riservati rimproveri.

Laodicea (Laodikeia)

Sulla sua origine ci sono due tradizioni. La prima attribuisce la sua fondazione (prima del 253 a.C.) al sovrano seleucide Antioco II che la dedicò alla moglie Laodice. Secondo Stefano di Bisanzio (*Etnica*, 411), invece, sarebbe stata fondata a seguito di un sogno da Antioco I, che le avrebbe dato il nome della sorella. Lo sviluppo della città fu favorito dalla fertilità della valle del Lico e dalla posizione all'incrocio delle strade tra l'Anatolia centro-meridionale e la costa occidentale.

Laodicea è oggi un campo di scavo archeologico in pieno fermento (le ricerche sono portate avanti da équipe turche, anche in un'ottica di sviluppo turistico). La basilica cristiana, realizzata nel V-VI secolo, venne ricavata nell'impianto delle terme, con l'aggiunta di altri ambienti e di un'abside ("basilica delle terme"), decorata con elementi di recupero e coperta da una massiccia volta. L'agorà romana fu trasformata con l'aggiunta di un porticato sui lati e davanti alla facciata della nuova basilica, pavimentato in *opus sectile* con marmi colorati. Presso lo stadio si trovava una piazza, identificata come l'agorà cittadina, sul cui lato settentrionale si affaccia un *bouleuterion*. Sull'opposto lato meridionale la piazza terminava in un complesso termale ("terme meridionali") che occupa uno spazio di m 132x75, con ambienti coperti a volta e rivestiti in origine di marmo. La pianta si articola in una stretta aula di ingresso centrale sulla quale si allineano ambienti disposti simmetricamente sui due lati. Secondo un'iscrizione, l'edificio venne dedicato all'imperatore Adriano e all'imperatrice Sabina, in occasione della visita imperiale a Laodicea nel 129.

La città fu sede di una numerosa comunità ebraica, oggetto della predicazione di san Paolo e destinataria di una sua lettera (cfr. Col 4,13). La Chiesa di Laodicea sarebbe stata fondata dal colossese Epafra, convertito al cristianesimo dopo aver udito la predicazione di Paolo. A partire dal IV secolo, diventò uno dei più importanti centri del cristianesimo in Asia Minore e sede vescovile.

Istanbul

[→*Liturgia della Parola* p. 161]

Istanbul è un gigante sdraiato al limitare di due continenti, Europa e Asia. Una città immensa, caotica, dove genti e culture, fin dalla notte dei tempi, s'incontrano e si scontrano, alla ricerca di un equilibrio non facile, eppure possibile.

Bisanzio fu fondata intorno al 660 a.C. da coloni dori di

Vista sul Bosforo

Megara. Dopo aver acquistato in breve tempo notevole importanza commerciale e industriale, cadde alla fine del VI secolo sotto la dominazione persiana. Nel secolo seguente partecipò all'insurrezione ionica (499), per ripiombare presto sotto il dominio persiano. Liberata da Pausania (478), si ribellò poi ad Atene e fu presa da Alcibiade (408). Durante le lotte dei Diadochi (IV sec.) si mantenne indipendente, diventando poi fedele alleata dei Romani. Nel 194 d.C. fu distrutta da Settimio Severo, che subito la ricostruì circondandola di mura. Semidistrutta nuovamente da Licinio nel 323, fu conquistata nello stesso anno da Costantino, che la munì di mura più estese e ne fece la splendida capitale dell'impero (330), la «Nuova Roma, figlia maggiore e diletta dell'antica». Nel 1203, durante la quarta Crociata, venne occupata e diventò sede dell'impero latino di Costantinopoli (1204-1261); primo imperatore fu Baldovino di Fiandra. Riconquistata dall'imperatore bizantino Michele VIII Paleologo, cadde nel 1453 nelle mani di Maometto II. Col nome di Istanbul rimase capitale dell'impero ottomano fino al 1923. Con la nascita della Repubblica turca, la capitale fu trasferita ad Ankara.

Una visita approfondita a quella che è stata Bisanzio, poi Costantinopoli e infine Istanbul (ma nel corso della storia è stata chiamata anche *Nova Roma*, in latino, o *Rūmiyya al-Kubrā* in arabo) richiede diversi giorni. Qui presentiamo i luoghi principali da cui non si può prescindere per cogliere l'importanza della città nel contesto mediterraneo e nella storia del cristianesimo.

Porta d'oro. È la più meridionale delle porte che si aprivano nella cinta muraria teodosiana, che si ergeva fortificata da oltre cento torri. Attraverso la Porta d'oro entrava in città la via Egnazia, quasi un prolungamento transadriatico della via Appia. Partendo da Durazzo, la via Egnazia attraversava Dalmazia, Macedonia (toccava Salonicco) e Tracia, e giungeva a Costantinopoli. Durante l'assedio ottomano del 1453 la zona della Porta d'oro era difesa da una guarnigione genovese.

◗ **Obelisco di Teodosio.** Sorge ad At Meydani (piazza dei cavalli) insieme con la "colonna dei serpenti" e l'"obelisco murato". La piazza occupa parzialmente l'area dell'ippodromo romano, famosissimo in tutto l'Oriente antico quanto i circhi di Antiochia e di Alessandria d'Egitto. Costruito su una collina da Settimio Severo nel 203 sul modello del più antico ippodromo di Roma, il Circo Massimo, l'ippodromo fu abbellito e ampliato da Costantino (m 460x150). Gli imperatori bizantini gareggiarono nell'ornare di tesori artistici, provenienti da ogni parte del mondo, le tribune laterali, i corridoi e la spina che correva lungo l'asse maggiore del circo dividendolo in due parti. I quattro cavalli di bronzo, argento e oro, dal 1204 a San Marco di Venezia, troneggiavano un tempo sulla tribuna imperiale. Era stato Teodosio II a trasferirli da Roma, sottraendoli all'arco trionfale di Traiano. Oltre alle corse di bighe e carri, nell'ippodromo, vero centro della vita popolare della capitale fino al XIII secolo, si svolgevano anche rappresentazioni teatrali e musicali, e nelle celebrazioni dei trionfi imperiali sfilavano prigionieri e carri col bottino di guerra. L'obelisco di Teodosio, un monolito di granito con piedistallo di marmo, proveniente dal tempio elevato dal faraone Thutmosi III (1504-1450 a.C.) a Karnak, è uno dei monumenti superstiti del circo. Deve il suo nome a Teodosio I, che lo collocò sulla spina nel 390. Si innalzavano sulla spina anche la "colonna dei serpenti" in bronzo dorato, eretta davanti al tempio di Apollo a Delfi per commemorare il trionfo greco di Platea su Serse (479 a.C.) e portata qui da Costantino, e "l'obelisco murato" composto di blocchi calcarei, di data incerta, restaurato nel X secolo da Costantino VII Porfirogeneto.

Obelisco di Teodosio

Moschea blu

Moschea del Sultano Ahmet o Moschea blu. Tra le cinquecento e più moschee che innalzano verso il cielo di Istanbul un migliaio di minareti, la *Sultan Ahmet Camii* è la principale, anche se non la più splendida. Il primo posto per raffinata bellezza e magnificenza spetta alla moschea di Solimano I costruita da Sinan (1557), mentre quella di Beyazit (1505) è la più antica tra quelle ancora esistenti. Come tutti i luoghi sacri dell'islam destinati alla preghiera e all'istruzione religiosa, la Moschea del Sultano Ahmet, eretta dal 1609 al 1616 e appartenente al periodo classico dell'arte ottomana (secoli XVI-XVII), si compone di minareti, atrio porticato e sala di preghiera. I minareti, poligonali, sono sei, uno in meno della moschea della Mecca. L'atrio conta 26 colonne di granito che sorreggono 30 cupolette, e presenta al centro una fontana esagonale per le abluzioni (*sadirvan*). Sulla grandiosa semplicità della sala della preghiera – un quadrato di 43 m per lato – si eleva a 43 m di altezza una cupola di 27 m di diametro, sorretta con quattro semicupole da quattro pilastri scanalati di cinque metri di circonferenza. Il nome di Moschea blu deriva dalle sfumature verdi e blu delle preziose maioliche

Moschea blu: il cortile

Moschea blu: la cupola vista dall'interno

che tappezzano i muri della sala, sfumature che, alla luce filtrante attraverso le 260 finestre, si stendono anche sul marmo bianco di Marmara del *mihrab* (la nicchia che indica la direzione della Mecca) e del *mimber* (pulpito) e sulla loggia del sultano. Dalla Moschea blu solevano mettersi in

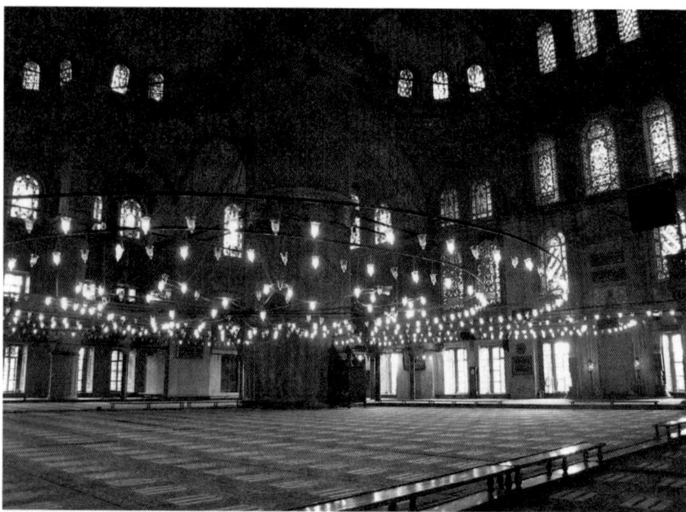

Interno della Moschea blu

viaggio per la Mecca le carovane sacre recanti i doni del sultano.

Santa Sofia. Eretta da Costantino e consacrata dal figlio Costanzo nel 360 alla Sapienza Divina, nella struttura attuale Santa Sofia risale a Giustiniano, che volle farne la basilica cristiana più sontuosa del mondo. Squadre di diecimila operai lavorarono al comando degli architetti Artemio di Tralle (Aydin) e Isidoro di Mileto. Fu utilizzato materiale prezioso fatto venire da ogni parte dell'impero. Otto colonne di marmo verde provenivano da Efeso (dal ginnasio o dal tempio di Artemide), otto colonne di porfido dal tempio di Giove Eliopolitano di Baalbek, altre colonne di granito dall'Egitto; mattoni leggerissimi erano stati cotti a Rodi. Allo sfavillio d'oro dei mosaici faceva riscontro l'oro massiccio della mensa dell'altare e l'argento dorato del trono patriarcale. Il giorno dell'inaugurazione (548), l'imperatore poteva ben esclamare: «Gloria a Dio che mi ha ritenuto degno di compiere quest'opera. Ti ho superato, o Salomone!». A Santa Sofia furono celebrati il secondo, il terzo e il quarto Concilio

Santa Sofia

Santa Sofia: la Vergine, Giovanni II Comneno e la moglie (mosaico)

ecumenico di Costantinopoli. Ancora oggi questa costruzione (m 77x71) lascia senza fiato per le sue ardite linee architettoniche. La cupola raggiunge i 55 metri d'altezza; il diametro della volta è di 31 metri. Gli otto grandi scudi circolari con i nomi, in arabo, di Allah, di Maometto e dei primi sei

Santa Sofia: Cristo Pantocratore (mosaico)

Santa Sofia: interno

califfi, la nicchia del *mihrab*, il *mimber* e la loggia del sultano all'interno della basilica, così come i quattro minareti all'esterno, ci ricordano che Santa Sofia è stata moschea per quasi quattro secoli, finché nel 1923 Kemal Atatürk, il padre della Turchia moderna, la trasformò in museo.

Sant'Irene. È una delle più antiche chiese cristiane della città e si trova nel recinto del palazzo imperiale. Fondata su un tempio pagano forse da Costantino, che la dedicò alla Pace Divina, si deve nella sua forma attuale a Costantino V (741-775). Chiesa patriarcale, fu sede del primo Concilio ecumenico di Costantinopoli, celebrato nel 381 (vi si definì la dottrina sullo Spirito Santo, che è veramente Dio, come il Padre e il Figlio). Dopo la conquista ottomana del 1453, fu trasformata prima in arsenale, poi in museo.

Palazzo di Topkapi. Fatih Sultan Mehmet, Maometto II, dopo la conquista di Istanbul (1453) fissò la sua residenza a Beyazit, in un modesto edificio che sorgeva dove oggi si trova l'università. Tra il 1465 e il 1470 vennero avviati i lavori di costruzione del nuovo palazzo, che dal XIX secolo fu chiamato Palazzo di Topkapi, dal nome di una delle sette porte delle mura che lo circondano. Esso copre un'area di 700 mila m^2 sul versante europeo della città, dove il Bosforo e il Corno d'Oro si uniscono. Testimonianze di storici e scavi archeologici attestano che nell'area dovevano esistere alcune chiese costruite su resti di templi pagani. Oggi il Palazzo di Topkapi rappresenta il principale e più imponente esempio di architettura civile ottomana ed è sede, con la sua mostra permanente di 86 mila oggetti, di uno dei maggiori musei al mondo.

Palazzo Topkapi: dettaglio della Porta del Saluto

Palazzo Topkapi: vasca ornamentale

Parte dei giardini esterni del palazzo sono i musei archeologici di Istanbul, divisi in tre settori a dimensioni universalistiche: il Museo dell'Oriente antico (con la Porta di Ishtar dell'antica Babilonia), il Museo della Ceramica e il Museo delle Antichità classiche (con il sarcofago di Alessandro Magno). Vi si possono visitare le collezioni raccolte nell'antico impero ottomano, oltre che varie reliquie cristiane proveniente dalla Samaria. Un settore è riservato alla storia di Istanbul.

◗ Chiesa di San Salvatore in Chora. La prima costruzione di questa splendida chiesa risale al IV secolo. Fu edificata fuori dalle mura di Costantino (da cui il nome *Chora*, che in greco significa "in campagna, fuori città"), ma già nel V secolo fu integrata al loro interno. Nel corso del tempo ha subito diversi interventi. Verso la fine dell'XI secolo fu fatta restaurare da Maria Ducaina, suocera dell'imperatore Alessio Comneno (1081-1118) e fu dedicata a Gesù Salvatore. Per cause ancora sconosciute l'edificio fu distrutto per poi rinascere ad opera di Isacco Comneno, il figlio più giovane dell'imperatore. Durante le incursioni dei crociati (1204-1261) il complesso (monastero e chiesa) subì danneggiamenti. L'opera di restauro e di ampliamento successivi, con l'aggiunta dei mosaici e degli affreschi, si deve a Teodoro Metochite, gran cancelliere del Tesoro. I lavori, che si protrassero dal 1303 al 1328, conferi-

San Salvatore in Chora: decorazione musiva

San Salvatore in Chora: Cristo e la Vergine (mosaico del nartece)

San Salvatore in Chora: Giudizio Universale, particolare (abside del *paracclesion*)

rono alla chiesa la fisionomia attuale. Durante l'assedio dei Turchi vi fu portata dalla chiesa Hodighitria l'icona della Vergine, protettrice della città. Nel 1511 fu adibita a moschea col nome di Kariye. Nel 1948 venne trasformata in museo.

San Salvatore in Chora: cupola del nartece interno

Il complesso consta di quattro parti interconnesse: la chiesa vera e propria, un nartece interno (lato ovest), uno esterno (esonartece, a sinistra del primo) e un *paracclesion* (o cappella laterale, usata soprattutto per liturgie funebri) che si sviluppa per tutta la lunghezza della chiesa sul lato meridionale. Le parti più antiche della chiesa, il nartece e la sala centrale, poggiano sulle fondamenta di un edificio preesistente.

Dal punto di vista plastico le figure umane dei mosaici e degli affreschi che rivestono i vari ambienti appaiono alte e snelle, felice risultato dell'applicazione del canone di Lisippo, il grande scultore dell'antichità che, nel realizzare la statua di un uomo, seguiva la proporzione di 1 a 9 tra la testa e il corpo. Le figure sono disposte secondo i principi della prospettiva. Per i personaggi principali è stata scelta la rappresentazione frontale, mentre quelli di secondo piano sono posti di profilo. L'effetto di profondità è ottenuto con il ricorso alla raffigurazione sullo sfondo di elementi architettonici, paesaggi e rocce. Le scene appaiono vivaci, riuscendo a trasmettere il senso della vita quotidiana. Si nota una particolare cura nel conferire

San Salvatore in Chora: nartece esterno

San Salvatore in Chora: san Paolo

ai volti un'espressività che si adatti alle diverse scene. A San Salvatore in Chora si trova una delle più belle raffigurazioni del Cristo.

La lunga teoria dei mosaici dei narteci (esterno e interno) rappresenta la vita di Gesù Cristo e della Vergine. Per il numero di episodi, la ricchezza dei colori e i dettagli, sono considerati unici fra tutte le chiese bizantine. Le scene si ispirano in genere ai quattro Vangeli canonici, ma per la nascita di Maria e la sua infanzia gli artisti non hanno disdegnato di rifarsi agli apocrifi. Gli episodi si susseguono in ordine cronologico, anche perché l'iconografia, per mezzo delle rappresentazioni, aveva come scopo quello d'insegnare il Vangelo agli analfabeti e ai poveri.

Basilica della Cisterna. Costruita in epoca romana durante il regno di Costantino (306-337), la cisterna fu restaurata al tempo di Giustiniano. Con 12 file di 28 colonne (ogni colonna è alta 9 m), misura m 143x73. La cisterna fungeva da serbatoio per l'acqua (80 mila m^3) ed era in grado di garantire l'approvvigionamento idrico alla città. L'acqua veniva trasportata attraverso un acquedotto da una sorgente posta a 19 km dalla città. Quasi invisibile

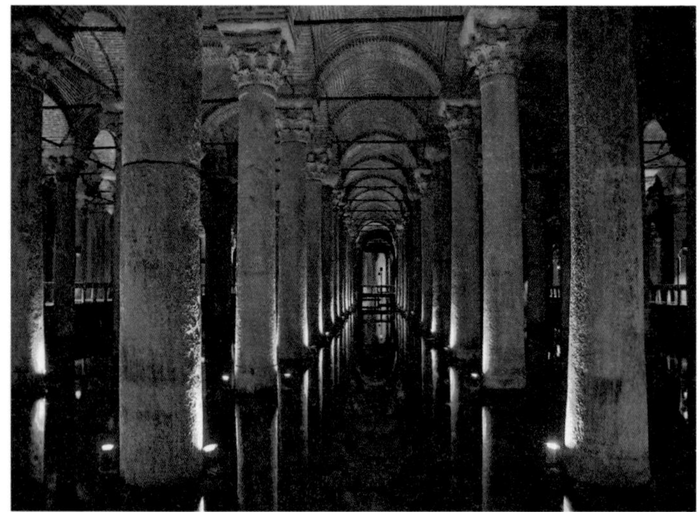

Basilica della Cisterna

dall'esterno, l'interno sorprende per la grandezza e la suggestione delle colonne immerse nell'acqua. L'illuminazione artificiale crea un'atmosfera magica. Una testa di amazzone è stata riutilizzata come base di una colonna.

Torre Galata

▶ **Torre Galata.** Costruita nel 1348 dai Genovesi, è famosa per il suggestivo panorama sul Corno d'Oro e il Bosforo che si può ammirare dalla sua cima. Costantinopoli fu un ponte tra Oriente e Occidente; a cavallo del Corno d'Oro e delle alture di Galata, le repubbliche di Genova e Venezia stabilirono alcuni dei loro avamposti commerciali e militari verso l'Oriente.

Nicea: chiesa di Santa Sofia

Nicea: chiesa di Santa Sofia, abside e navata

● **NICEA (İZNIK).** A circa 130 km a sud-est di Istanbul, sorge questa città dal nome così evocativo. Conserva ancora testimonianze del suo glorioso passato; tra queste sono degne di nota le possenti mura a doppia cinta e la chiesa di Santa Sofia (dove nel 787 si tennero le sedute del VII Concilio ecumenico).

La città fu fondata da Antigono che le diede il nome di Antigonea, in onore della mo-

Nicea: resti delle mura

glie. Dopo averla conquistata, Lisimaco volle chiamarla Nicea. Nicea fu capitale della Bitinia fino al 264 a.C., anno di fondazione della nuova capitale del regno, Nicomedia. Nel corso dei secoli fu sempre un centro di grande rilevanza. Tuttavia le sue vicende sono legate soprattutto alla storia del cristianesimo. Stando alla tradizione, a evangelizzare la città sarebbe stato l'apostolo Andrea. Prima del 325, anno in cui l'imperatore Costantino vi convocò il primo Concilio ecumenico, non possediamo notizie riguardanti la comunità cristiana locale. Il Concilio fu indetto a motivo della dottrina di Ario, che negava la divinità di Cristo. È noto che i lavori conciliari furono aperti dall'imperatore Costantino in persona e che si conclusero con la condanna della dottrina eretica. Ma la crisi ariana continuò a segnare la storia della città. Infatti nel 328 Teognide, condannato all'esilio insieme ad Ario, riottenne il seggio episcopale di Nicea. Fu Teodosio il Grande a porre fine a questo filone ariano, quando nel 380-381 depose l'ariano Ipazio, sostituendolo con l'ortodosso Doroteo.

A Nicea si svolse anche il VII Concilio ecumenico (787) in cui fu dibattuta la questione iconoclasta. I 325 vescovi presenti sottoscrissero una lettera a favore del culto delle immagini indirizzata al Concilio da parte di Adriano I, vescovo di Roma, sancendo così il ristabilimento del culto.

ESCURSIONI

Proponiamo in questa sezione alcune mete che esulano da un classico itinerario paolino in Turchia, ma che sono nondimeno interessanti dal punto di vista storico, archeologico o artistico.

Ankara

Ankara, città dal ricco passato storico (fu dominio degli Ittiti, poi dei Frigi) fu integrata nell'impero romano nell'anno 25 a.C., divenendo il centro principale della provincia della Galazia. Il nome Galazia deriva dalle tribù celtiche della Gallia che vi immigrarono nel III secolo a.C. invitati dal re di Bitinia Nicomede I, in guerra contro il fratello.

Veduta della città

Tempio di Augusto e Roma

Museo degli Ittiti: statua del re Tarhunza

Per l'aiuto prestato ai Romani nella guerra contro Mitridate (74-64 a.C.) i Galati ottennero dai vincitori lo status di regno. Dopo la morte del loro re Aminta, tutto il regno divenne provincia romana. Dominio bizantino, fu poi occupata dai Persiani, dagli Arabi e infine, nell'XI secolo, dagli Ottomani. Proclamata capitale della nuova Repubblica turca nel 1924, la città divenne la metropoli moderna che tutti ora conosciamo.

Tra le mete da visitare, il Museo delle Civiltà Anatoliche (o Museo degli Ittiti), uno

Museo degli Ittiti: alcuni dei manufatti in esposizione

dei più importanti musei archeologici al mondo, che abbraccia millenni di storia (dal Paleolitico all'età bizantina). Tra i pezzi esposti si annoverano varie statue di deamadre, alcune provenienti da Catalhöyuk (luogo in cui furono scoperti molti degli affreschi esposti nello stesso museo) datate a partire dal 5750 a.C., e molti vasi decorati zoomorfi. Le statuette di cervi e di tori in bronzo con simboli rituali e i gioielli provenienti da Alacahüyük (III millennio a.C.) sono tra gli oggetti più originali del museo. Meritano

una visita anche i bassorilievi di Karkemish dell'VIII secolo a.C. Altri luoghi d'interesse: la colonna dell'ultimo imperatore pagano Giuliano l'Apostata (alta 15 m, eretta per commemorare la visita del sovrano nel 362); il tempio di Augusto e della dea Roma (che riporta inciso il cosiddetto *Monumentum ancyranum*, "testamento politico" di Augusto); i bagni romani, con terme e palestra; la cittadella eretta nel III sec. a.C. dai Galati (probabilmente sulla preesistente costruzione ittita o frigia) e poi ricostruita in epoca bizantina.

Colonna di Giuliano l'Apostata

San Paolo

Paolo visitò la Galazia nel suo secondo viaggio missionario (cfr. At 16,6). Secondo Atti 18,23 vi ritornò nel viaggio successivo. La Lettera ai Galati (4,13-15) fa inoltre riferimento a una malattia che costrinse l'Apostolo a trattenersi nella regione. Tale lettera fu composta nel terzo viaggio, forse durante il soggiorno a Efeso nell'anno 55 d.C. Anche la prima lettera di Pietro è indirizzata ai cristiani dispersi nella Galazia. La Chiesa di Ancira (toponimo latino della città) fu coinvolta nelle lotte contro il montanismo (dal nome del fondatore Montano, che sosteneva di parlare a nome dello Spirito Santo e di avere visioni profetiche; il movimento religioso ebbe la sua maggiore diffusione in Frigia nel II secolo d.C.).

● **HATTUSA (BOĞAZKÖY).** L'antica capitale ittita si trova circa 150 km a est di Ankara. Colonia commerciale assira nel XX sec. a.C., forse distrutta nel secolo seguente, divenne capitale degli Ittiti al tempo del re Hattusili I (1650-1620 a.C.).

Hattusa: la Porta dei Leoni

Rasa al suolo verso il 1200 dai "popoli del mare", fu rioccupata in età frigia e persiana.

Oggi se ne ammirano i resti delle fortificazioni, in particolare la Porta dei Leoni: si tratta di una delle porte monumentali a sezione parabolica che si aprivano a tenaglia lungo le ciclopiche mura a doppio paramento della città. Büyükkale ("la Grande Fortezza"), l'inespugnabile residenza reale, presenta cinque bastioni, di cui il primo del XX sec. a.C., il quarto del periodo immediatamente post-ittita, il quinto ellenistico o romano. A sud, lungo la doppia cinta muraria, tra la Porta Reale a est e la Porta dei Leoni a ovest, si apre la pusterla meridionale: la galleria, lunga 70 m, permetteva in guerra le sortite degli assediati e in pace uscite più rapide fuori le mura.

Hattusa per gli Ittiti fu anche un importante centro religioso. Rimangono solo le fondamenta e gli zoccoli di cinque templi (il Tempio 1, o Grande Tempio, era uno dei più vasti edifici della città), tutti costruiti secondo un medesimo schema architettonico che circondava di vani coperti (tra i quali l'*adyton* con la statua del dio)

Hattusa: resti del Grande Tempio

un ampio atrio scoperto, per lo più rettangolare. A differenza di quanto si usava in Babilonia, tutti i vani dei templi ittiti erano illuminati da ampie finestre, inclusa la cella della divinità.

Parte integrante dell'insieme degli edifici di culto della capitale, benché situato a circa 2 km dalla città vera e propria, il santuario rupestre di Yazilikaya fu ristrutturato al tempo del re ittita Hattusili III (1275-1250 a.C.). Nella galleria grande sono scolpiti a bassorilievo nella roccia "i mille dei di Hatti", in due file convergenti al centro, dietro il dio della tempesta Teshub e dietro sua moglie, la dea Hebat. Ciascuna divinità del *pantheon* si distingue per l'arma che impugna, il segno raffigurato al di sopra dell'altra mano e la bestia o il monte su cui poggia. Gli dei inoltre sono ritratti, come in Babilonia e Assiria, col dorso di prospetto, e la testa e le gambe di profilo. Portano un copricapo scanalato a cono, una tunica corta con cintura e scarpe con punta in su. Le dee, ritratte sempre di profilo, hanno in capo una tiara cilindrica, calzano anch'esse mocassini e vestono una blusa su un camice che scende a pieghe fino ai talloni. Il dio Teshub, alto due metri come Hebat (ma l'altezza dei personaggi va decrescendo man mano che ci si allontana dal centro, fino a ridursi a 75 cm), appare barbuto, ha nella destra una mazza ricurva e poggia i piedi sui monti (personificati) di Mamnu a sinistra e Hazzi (il monte Cassio, presso Antakya) a destra. Hebat poggia su un leone (o una pantera?). Tra le gambe del dio e della dea spuntano i due tori sacri Seris e Hurris, simboli del giorno e della notte. Sulla parete di fronte a quella del *pantheon* ittita, campeggia un bassorilievo di proporzioni colossali di Tudhaliya IV (1250-1220), "diventato un dio" perché ritratto in piedi sui monti, con un ideogramma divino nella destra e un bastone ricurvo nella sinistra. Altri bassorilievi, nell'attigua galleria piccola, sono quello dell'enigmatico dio-spada e quello di Tudhaliya IV abbracciato e protetto dal dio Sharma, figlio di Hebat.

Gli Ittiti

Giunti in Anatolia dall'Asia centrale in date incerte (probabilmente in più ondate tra il III e il II millennio a.C.), gli Ittiti, pastori nomadi di ceppo indoeuropeo, diedero vita a una prima entità statuale con il re Pitkhana di Kussara (1800 a.C. circa), che per primo riuscì a riunire diverse tribù sotto il proprio controllo (prima di allora vi erano solo città-stato autonome). Della stessa città di Kussara è originaria la dinastia che fu a capo del primo regno ittita. Ne fu iniziatore Labarna, il cui nome divenne in seguito il titolo attribuito ai re.

Sotto il successore di Labarna (Hattusili I) la capitale fu posta ad Hattusa (odierna Boğazköy, che ne conserva i resti archeologici). Nel giro di alcuni decenni, divenuti abili guerrieri, gli Ittiti diedero vita e consolidarono un vero e proprio regno, espandendosi nella penisola anatolica e giungendo a conquistare la stessa Babilonia (ca. 1590 a.C.). La fase dell'Antico Regno (ca. 1650-1500 a.C.) fu caratterizzata da notevole dinamismo militare (che portò all'espansione anche verso la Siria), ma da debolezza sul piano politico, con un trono continuamente minacciato dalla nobiltà. Dopo il Medio Regno (che tradizionalmente viene fatto iniziare nel 1500 a.C. con la morte del re Telipinu, e che conobbe nuovi scontri interni e invasioni nemiche), la fase del Nuovo Regno o Periodo Imperiale (ca. 1350-1200 a.C.) segna l'apogeo della civiltà ittita, che riuscì a raggiungere un indiscusso predominio nella regione. Inevitabi-

Hattusa: geroglifici funerari

le divenne lo scontro con le mire espansionistiche del giovane faraone egiziano Ramses II. La battaglia di Qadesh (1275), sull'Oronte, non sancì la vittoria netta di nessuno dei due eserciti, ma consentì agli Ittiti di rientrare in possesso dei territori di Qadesh e Amurru. Consolidata la pace con l'Egitto e fronteggiata l'Assiria sull'Eufrate, la disgregazione dell'impero ebbe origine dall'interno, con le velleità di potere e autonomia dei vassalli e dei funzionari di corte.

Il colpo definitivo al decadente impero ittita fu dato dall'invasione dei cosiddetti "popoli del mare" (Lici, Achei-Micenei, Filistei). Gli Achei, in particolare, dalla Grecia si spinsero progressivamente verso est, penetrando in Asia Minore e fondandovi colonie (in questo contesto rientrerebbe l'epica guerra di Troia cantata nell'*Iliade*). Più all'interno si consolidarono invece i regni di Frigia, che si mantenne indipendente fino al VII sec. a.C., e di Lidia.

Prima delle scoperte moderne dell'archeologia, gli Ittiti ci erano noti solo attraverso i molti riferimenti della Bibbia. Ad esempio, c'erano Ittiti fra le tribù che abitavano la Palestina prima dell'entrata degli Israeliti (cfr. Gn 15,19-21); era ittita il soldato Uria a cui David prese la moglie Bersabea (cfr. 2Sam 11,3); Salomone rivendeva ai re ittiti i carri che importava dall'Egitto (cfr. 1Re 10,29). Non sembra avventato inoltre parlare di rapporti storici intercorsi tra Ittiti e Troiani in Anatolia. Il rito della cremazione dei re ittiti dopo la morte presenta molti punti di convergenza con i funerali di Patroclo e di Ettore descritti nei libri XXIII e XXIV dell'*Iliade*. La città di Truisa, il re vassallo Alaksandus di Wilusa e gli Ahbiyava incontrati in occidente, nominati dai documenti ittiti, potrebbero identificarsi con Troia, con Alessandro di Ilio e con gli Achei.

Hattusa: geroglifici

Pergamo (Bergama)

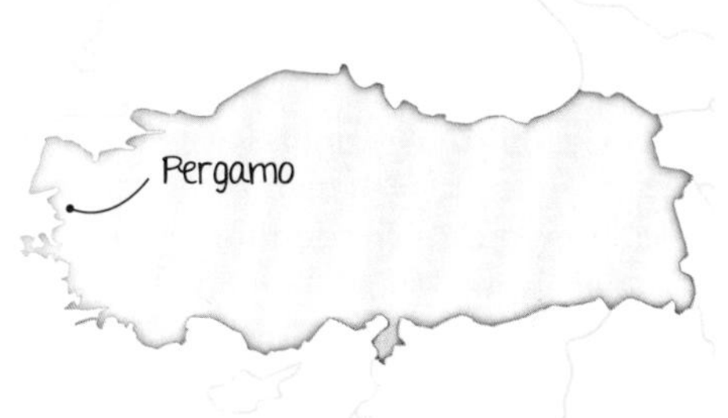

A una ventina di chilometri dall'Egeo, nella fertile pianura del *Bakir çay* (fiume Caico) e tra i due piccoli corsi d'acqua *Bergama çay* (Selino) e *Kestel çay* (Chetio), Pergamo è menzionata già da Senofonte; egli, nel 399 a.C., consegnò in questo luogo allo stratega spartano Tibrone i mercenari

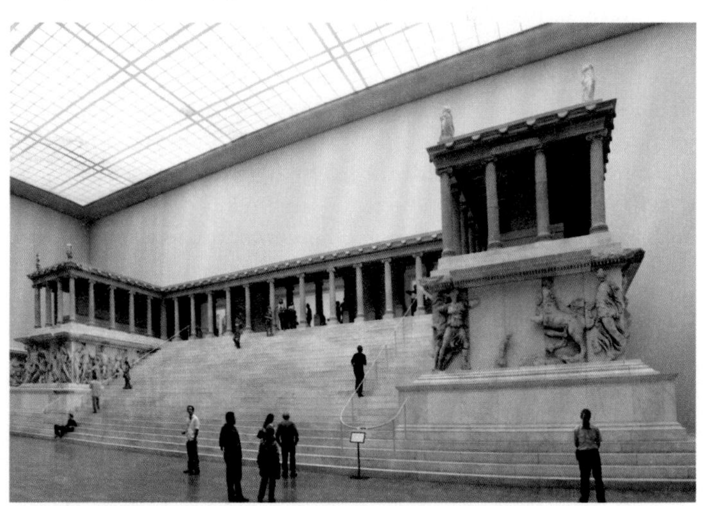

L'altare di Zeus e Atena ricostruito al Pergamonmuseum di Berlino

greci superstiti della spedizione di Ciro (*Anabasi* 7,8). Nel 301, dopo la vittoria di Ipso, il re di Tracia Lisimaco costruì la fortezza sulla collina, che diventerà l'acropoli della città, affidando l'enorme tesoro di guerra (9 mila talenti) allo stratega Filetero. Questi nel 281 pose le premesse che condurranno alla creazione del regno attalide di Pergamo, il quarto dei grandi regni ellenistici (con quelli di Macedonia, di Siria e il tolemaico di Egitto). Dopo Attalo I (241-197 a.C.), che assunse il titolo di re in seguito alla vittoria sui Galati al Caico (verso il 230), Eumene II (197-159) portò al massimo splendore il regno, che raggiunse circa 180 mila km^2 di superficie e tra i 4 e i 5 milioni di sudditi; divenne così una grande potenza politica e uno dei più attivi centri di cultura e civiltà ellenistica insieme con Alessandria d'Egitto e Antiochia di Siria (Antakya). Quando Attalo III (138-133) lasciò il suo regno in eredità ai Romani, Pergamo assunse un ruolo di primo piano nella provincia di Asia, che aumentò specialmente durante l'impero degli Antonini. Nel 716 d.C. la città fu saccheggiata dagli Arabi. Nel 1336 diventò possesso definitivo degli Ottomani, con Orhan I.

L'altare di Zeus e Atena. È indiscutibilmente una delle più celebri opere dell'arte pergamena, questo grandioso altare marmoreo che Eumene II eresse a Zeus e ad Atena in memoria delle vittorie sue e dei suoi predecessori Filetero, Eumene I e Attalo I sui Galati. Si contrappongono alla sobrietà dell'arte ellenistica in Asia Minore le dimensioni grandiose (m 36x34x12) e la sontuosità del monumento, dotato di un portico ionico inglobante un muro, e arricchito di un duplice fregio ad altorilievo, che correva sia lungo lo zoccolo sia lungo il muro del portico e raffigurava l'uno la gigantomachia, l'altro il mito dell'eroe pergameno Telefo, figlio di Eracle e di Auge. Attualmente conservati al Pergamonmuseum di Berlino, questi fregi costituiscono il capolavoro della seconda scuola d'arte pergamena fiorita sotto Eumene II, così come le statue di Arianna, dell'Ermafrodito e di Marsia scorticato rappresentano degnamente la prima scuola di artisti al tempo di Attalo I.

Il teatro e il tempio di Traiano sul fianco dell'acropoli

Il tempio di Dioniso. Costruito in età ellenistica all'estremità settentrionale di una terrazza di m 210x15, il tempio ionico di Dioniso *Kathegemon* (o Duce), al quale si accedeva mediante 25 gradini, era preceduto da un grande portico esastilo e dall'altare per i sacrifici. Ricostruito sotto Traiano, fu dedicato al culto di Caracalla. Va notato che Pergamo è stata forse la prima città microasiatica a ottenere l'onore della *neocorìa* imperiale (cioè la dignità di custode del culto imperiale e i privilegi ad essa connessi) elevando nel 29 a.C. un tempio a Roma e ad Augusto.

L'acropoli. Ripidissima la cavea del teatro (II sec. a.C.) scavata sulle sue pendici occidentali: è di circa 50 metri, infatti, il dislivello tra l'orchestra e il più alto degli 80 gradini. Oltre al tempio di Traiano (periptero esastilo, di stile corinzio e costruito su alto podio), l'acropoli vantava, tra gli altri, anche il tempio di Atena *Polias Nikephoros* (Protettrice, Datrice di Vittoria), anch'esso periptero esastilo, eretto alla fine del IV sec. a.C. in stile dorico (un'eccezione, questa, perché i templi ellenistici seguivano di solito lo stile ionico). In mezzo al recinto sacro, che godeva del diritto di asilo, sorgevano probabilmente le famose statue bronzee del *Galata morente* e del *Galata suicida* (le cui copie sono oggi conservate a Roma). Il tempio di Demetra,

Tempio di Traiano

Il teatro dell'acropoli

risalente ad Attalo I, era dorico *in antis*: consisteva in un lungo atrio che inglobava la cella della dea con davanti un altare, e presentava a sud un porticato e a nord nove gradini per i circa 800 iniziati che assistevano alle celebrazioni dei misteri. Lo stadio (m 212x12), coperto, per le corse podistiche, si estendeva lungo il lato meridionale del ginnasio destinato ai giovani dai 16 ai 18 anni (*neoi*). Questo dei *neoi*, circondato da portici, è il superiore dei tre ginnasi costruiti su tre terrazze dell'acropoli. Il mediano era riservato ai ragazzi dai 10 ai 15 anni (*epheboi*), l'inferiore ai minori di 10 anni (*paides*). L'acropoli aveva anche due agorà con portici dorici, dovute entrambe a Eumene II: una in alto, non lontano dall'altare di Zeus; l'altra in basso, presso la porta del terzo muro di cinta, elevato come gli altri dallo stesso Eumene II, la cui reggia con ampio peristilio dorico si apriva nei dintorni del futuro tempio di Traiano.

La biblioteca. È il simbolo della parte notevolissima avuta dal regno illuminato degli Attalidi nell'incremento e nella diffusione della cultura ellenistica e nella sua trasmissione al mondo romano. Fondata da Attalo I, custodiva non solo manoscritti, ma anche opere d'arte originali o copie. Il suo fondo, di circa 200 mila volumi, sembra fu donato da Marco Antonio a Cleopatra per indennizzarla dell'incendio che nel 47 a.C. distrusse la biblioteca di Alessandria. Il rifiuto del papiro da parte della rivale Alessandria causò il larghissimo uso a Pergamo delle pelli animali, al punto che questo materiale scrittorio è passato alla storia col nome, appunto, di pergamena. Cratete di Mallo (presso Tarso), vissuto nel II sec. a.C., ne fu il direttore più eminente nonché il caposcuola di quell'indirizzo filologico di ispirazione stoica (basato sull'anomalia e l'interpretazione allegorico-etica) che, diffuso a Roma dallo stesso Cratete, vi imperò fino a quando Varrone e Cicerone non imposero l'indirizzo alessandrino, fondato sull'analogia. Tra gli illustri letterati originari di Pergamo vanno segnalati il retore peripatetico Apollodoro (102-22 a.C.), che fu maestro di Augusto, e il geografo Menippo.

◗ **L'Asklepeion.** Una via sacra porticata (lunga un chilometro e larga più di 3,5 metri) collegava la Pergamo bassa, di età romana, con l'Asklepeion, il famoso luogo cultuale e terapeutico sacro al dio delle guarigioni e della salute Asclepio, figlio di Apollo e della ninfa Coronide. L'Asklepeion di Pergamo, che rivaleggiava con quelli di Epidauro e di Cos e godeva del diritto di asilo, fu edificato su una collinetta nel IV sec. a.C.; conobbe i saccheggi dei re di Bitinia Prusia I e II, e fu ricostruito sotto Antonino Pio (138-161), finché un terremoto al tempo di Valeriano (253-260) non lo ridusse definitivamente in rovina. Tra i visitatori illustri, gli imperatori Adriano (123), Marco Aurelio (162) e Caracalla (214).

Sono ancora visibili alcune colonne del portico settentrionale, uno dei tre portici che ne circondavano a nord, ovest e sud il recinto rettangolare. Il motto dell'Asklepeion era: «In nome degli dei, è vietato l'ingresso alla Morte». All'area sacra si accedeva attraverso i propilei elevati verso il 150 d.C., che avevano a destra una biblioteca (costruita nel II sec. d.C. da Flavia Melitene, ricca abitante della città), e a sinistra il tempio circolare di Asclepio, eretto nel 142 d.C. dal console Lucio Rufino. Preceduta da un avancorpo tetrastilo, la cella del dio misurava m 23,50 di diametro e presentava nelle mura (spesse m 3,35) sette nicchie rettangolari o semicircolari. Anco-

Asklepeion: resti del portico settentrionale; alle spalle, il teatro del complesso

Asklepeion: la zona di cura

Basilica rossa

ra più a sud, a sinistra del tempio, stava un'altra costruzione circolare (del diametro di m 60) a due piani, di cui uno interrato e l'altro con sei ampie nicchie. È il cosiddetto tempio di Telesforo, il dio guaritore della cerchia di Asclepio e di Igea.

Al centro del recinto sacro dell'Asklepeion sorgeva la fontana da cui sgorgava l'acqua prodigiosa che si raccoglieva nel bacino sottostante, e veniva poi portata fino al tempio di Telesforo attraverso un canale scavato nella roccia e coperto dalle grosse pietre del pavimento del criptoportico. Si trattava di un tunnel con volta a botte (lungo 72 m, largo 2,50 e alto 2,70) che si apriva a oriente della fontana e giungeva fino al piano interrato del Telesforo. Sia nel criptoportico che nel tempio di Telesforo prendevano posto i malati. La presenza nell'Asklepeion di numerosi medici garantiva l'applicazione accurata della terapia suggerita dalla divinità ai degenti durante il sonno.

Tra gli altri monumenti della città antica, ricordiamo infine un anfiteatro, un terzo teatro e un circo romano, oltre all'enorme Basilica rossa (*Kizil Avli*) costruita nel II sec. d.C. sul fiume Selino. Era probabilmente un Serapeion (edificio cultuale dedicato a Serapide), trasformato poi dai Bizantini in basilica cristiana a tre navate e dedicata a san Giovanni.

Priene e Didima (Didyma)

● **PRIENE.** Attraverso una strada a gradini si raggiunge la città, ricostruita intorno al 35 a.C. su un fianco roccioso dell'antico monte Micale (oggi *Samsun Dagi*). La città arcaica era divenuta colonia ionica nel IX secolo a.C. e aveva su-

Priene: il fianco roccioso del *Samsun Dagi*

Priene: il cardo

bito il saccheggio dei Cimmeri nel 645, per cadere poi sotto la dominazione lidia e persiana. Ricostruita a metà del IV secolo secondo il sistema urbanistico del milesio Ippodamo (V secolo a.C.), che prevedeva reticolati con vie ad angolo retto, Priene accolse nel 334 Alessandro e passò poi ai Seleucidi. Saccheggiata nel 277 dai Galli, diventò dominio degli Attalidi e nel 129 a.C. dei Romani, che la inserirono nella provincia di Asia. Sempre più lontana dal mare a causa degli enormi depositi alluvionali del *Büyük Menderes* (l'antico Meandro), Priene iniziò nell'età cristiana la lenta decadenza, che si concluse nel XIII secolo d.C. con l'occupazione dei Turchi Selgiuchidi.

Edifici profani. Il *bouleuterion* (la sede del consiglio di Stato, o *boulé*, i cui membri erano eletti tra i cittadini nel senso giuridico del termine, cioè tra gli unici detentori di tutti i diritti e doveri) risale al III sec. a.C., e in origine era coperto; si presenta come un anfiteatro di forma pressoché quadrata con gradinate per i buleuti su tre lati e un piccolo altare al centro. Per nulla

Priene: il teatro

Priene: il *bouleuterion*

Priene: rovine del tempio di Atena Polias

privi di importanza gli altri antichi edifici profani, tra cui il teatro (II sec. a.C.), notevole per i cinque posti di marmo della fila inferiore muniti di spalliera; due ginnasi, uno superiore e l'altro inferiore con palestra porticata ed efebeio (luogo di formazione alla vita militare dei giovani); lo stadio (II sec. a.C.); il pritaneo (il cuore politico, religioso e simbolico della città greca, che ospitava il fuoco sacro sempre ardente) di età romana; il portico sacro (II sec. a.C.) e l'agorà, rifatta ad opera di Marco Aurelio.

Il tempio di Atena Polias. Questo tempio dedicato ad "Atena custode della città" è l'esempio più caratteristico dello stile ionico microasiatico. Fu inaugurato da Alessandro Magno nel 334 a.C. Era circondato sul perimetro esterno da un colonnato: delle sue 38 colonne, 6 ornavano ciascun lato minore, 11 ciascun lato maggiore, 2 i prolungamenti anteriori e 2 i prolungamenti posteriori dei muri laterali della cella con la statua della dea (tecnicamente di definisce un tempio periptero con

Priene: resti di chiesa bizantina

pronao distilo *in antis* e opistodomo, cioè spazio dietro la cella). Davanti al tempio si innalzava un altare maestoso del II sec. a.C., simile all'altare pergameno di Zeus. Sull'altare troneggiava una statua colossale di Atena, copia forse di quella di Fidia venerata nel Partenone di Atene. Tra gli altri templi pagani di Priene, di grande interesse quelli di Zeus Olimpio (III sec. a.C.), di Dernetra e Core (IV sec. a.C.), delle divinità egizie (II sec. a.C.). Nel tempio di Atena e nelle terme, inoltre, sono ancora visibili i resti di due chiese bizantine.

● **DIDIMA.** La città è nota per il maestoso santuario oracolare di Apollo Filesio il quale, già esistente nel VII sec. a.C., divenne celebre a partire dal successivo. Amministrato e officiato dalla famiglia sacerdotale dei Branchidi, fu distrutto nel 494 a.C. dai Persiani e passò sotto la diretta amministrazione della vicina Mileto. Con Alessandro Magno ebbe inizio la costruzione di un nuovo santuario, che divenne il più famoso del mon-

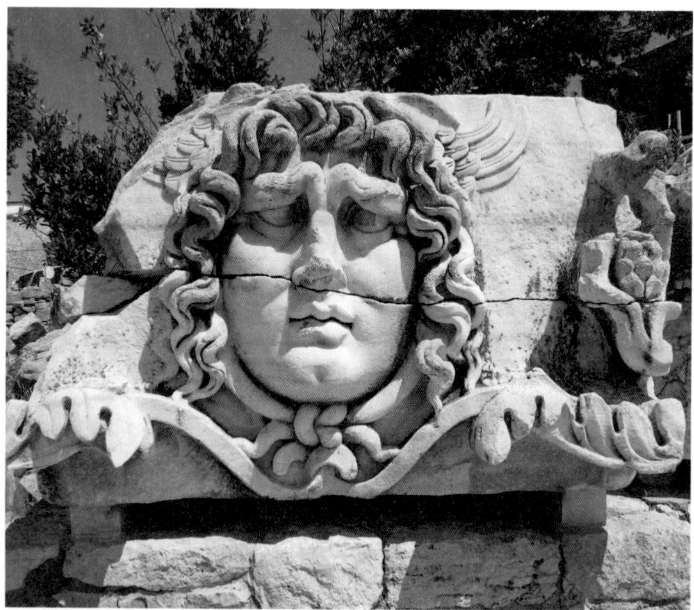

Didima: Medusa (frammento decorativo del tempio di Apollo)

do ellenistico (anche se rimase incompiuto). Dal II sec. a.C. le annuali feste *Didymeia* assursero a feste panelleniche. I resti attuali del tempio risalgono quasi completamente all'epoca romana (secoli I-II d.C.). L'altare principale dei sacrifici sorgeva a circa 10 m dal tempio, che era collegato col porto di Panormo da una via sacra lunga 6 chilometri. Il tempio era un quadrilatero di m 118x60 e diptero, cioè circondato sui quattro lati da una doppia fila di colonne (21 sui lati maggiori, 10 sui lati minori). Comprendeva, oltre a questo colonnato esterno, il pronao, il *chresmographeion* e l'*adyton*. Il proano era detto "sala dodecastila" per via dei tre ordini di quattro colonne ciascuno che si elevavano tra le ante. Nella sala ipostila del *chresmographeion* (m 14x8,75) i sacerdoti interpretavano i responsi oracolari della profetessa e li comunicavano ai fedeli. La parte più sacra del santuario era l'*adyton*, o ampio cortile (m 54x24,50) all'aperto. Vi sorgeva un tempietto (*naiskos*)

Didima: tempio di Apollo

Didima: tempio di Apollo (esterno)

Didima: tempio di Apollo (interno)

ionico con la statua bronzea di Apollo Filesio e la fonte sacra: la profetessa dava qui i suoi oracoli. Nel periodo bizantino nell'*adyton* fu costruita una chiesa con battistero, che gli archeologi distrussero durante gli scavi.

LITURGIA DELLA PAROLA

a cura di **don Raimondo Sinibaldi,**
Ufficio Pellegrinaggi della Diocesi di Vicenza

Le letture proposte sono tratte dal lezionario delle Chiese bizantine. La Turchia si trova evidentemente in Oriente: in questo contesto crediamo quindi opportuno leggere i testi che maggiormente ci legano alle Chiese orientali.

Le letture possono essere utilizzate sia nella celebrazione eucaristica, sia come Liturgia della Parola nei luoghi propri delle memorie.

Ogni Liturgia della Parola avrà anche un piccolo segno concreto che simbolizza quanto celebrato.

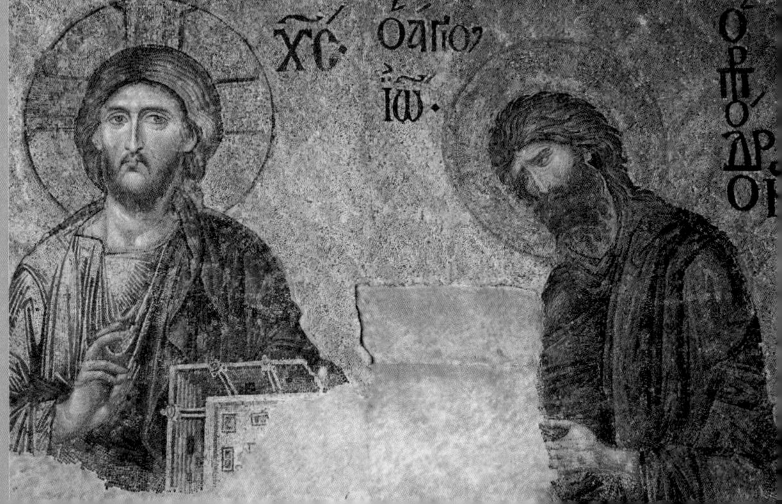

Antiochia sull'Oronte

I SANTI E GLORIOSI APOSTOLI PIETRO E PAOLO

Quale elogio più bello potrebbe essere fatto ai corifei degli Apostoli della testimonianza data di loro dal Signore stesso? Gesù disse a Pietro: «Tu sei beato» e «Tu sei Pietro e su questa pietra edificherò la mia Chiesa»; e ha chiamato Paolo «un vaso eletto, destinato a portare il mio nome prima dei principi e dei re».

Secondo la tradizione san Pietro morì crocifisso a Roma con la testa verso il basso, sotto Nerone, tra il 64 e il 67; nello stesso periodo anche san Paolo morì martire, sempre a Roma, ma decapitato perché, a differenza di Pietro, era cittadino romano.

Tropario[1] dei santi

Voi che tra gli apostoli occupate il primo trono, voi maestri di tutta la terra, intercedete presso il Sovrano dell'universo perché doni alla terra pace, e alle anime nostre la grande misericordia.

Kontakion dei santi

Gli araldi sicuri, che fanno risuonare voci divine, i corifei tra i tuoi discepoli, Signore, tu li hai accolti a godere dei tuoi beni,

[1] Breve preghiera ritmica propria della liturgia bizantina. È simile al *kontakion*, inno in versi anch'esso tipico della stessa tradizione insieme all'*apolitikon* (sorta di antifona).

nel riposo: perché le loro fatiche e la loro morte, più di ogni olocausto ti sono state accette, o tu che solo conosci ciò che è nel cuore dell'uomo.

Lettura: 2Corinti 11,21-12,9

Lo dico con vergogna; come siamo stati deboli! Però in quello in cui qualcuno osa vantarsi, lo dico da stolto, oso vantarmi anch'io. Sono Ebrei? Anch'io! Sono Israeliti? Anch'io! Sono stirpe di Abramo? Anch'io! Sono ministri di Cristo? Sto per dire una pazzia, io lo sono più di loro: molto di più nelle fatiche, molto di più nelle prigionie, infinitamente di più nelle percosse, spesso in pericolo di morte. Cinque volte dai Giudei ho ricevuto i trentanove colpi; tre volte sono stato battuto con le verghe, una volta sono stato lapidato, tre volte ho fatto naufragio, ho trascorso un giorno e una notte in balìa delle onde. Viaggi innumerevoli, pericoli di fiumi, pericoli di briganti, pericoli dai miei connazionali, pericoli dai pagani, pericoli nella città, pericoli nel deserto, pericoli sul mare, pericoli da parte di falsi fratelli; fatica e travaglio, veglie senza numero, fame e sete, frequenti digiuni, freddo e nudità. E oltre a tutto questo, il mio assillo quotidiano, la preoccupazione per tutte le Chiese. Chi è debole, che anch'io non lo sia? Chi riceve scandalo, che io non ne frema? Se è necessario vantarsi, mi vanterò di quanto si riferisce alla mia debolezza. Dio e Padre del Signore Gesù, lui che è benedetto nei secoli, sa che non mentisco. A Damasco, il governatore del re Areta montava la guardia alla città dei Damasceni per catturarmi, ma da una finestra fui calato per il muro in una cesta e così sfuggii dalle sue mani. Bisogna vantarsi? Ma ciò non conviene! Pur tuttavia verrò alle visioni e alle rivelazioni del Signore. Conosco un uomo in Cristo che, quattordici anni fa – se con il corpo o fuori del corpo non lo so, lo sa Dio – fu rapito fino al terzo cielo. E so che quest'uomo – se con il corpo o senza corpo non lo so, lo sa Dio – fu rapito in paradiso e udì parole indicibili che non è lecito ad alcuno pronunziare. Di lui io mi vanterò! Di me stesso invece non mi vanterò fuorché delle mie debolezze. Certo, se volessi vantarmi, non sarei insensato, perché direi solo la verità; ma evito di farlo, perché nessuno mi giudichi di più di quello che vede o sente da me. Perché non montassi in superbia per la grandezza delle rivelazioni, mi è stata messa una spina nella carne, un inviato di satana incaricato di schiaffeggiarmi, perché io non vada in superbia. A causa di questo per ben tre volte ho pregato il Signore che l'allontanasse da me. Ed egli mi ha detto: «Ti basta la mia grazia; la mia potenza infatti si manifesta pienamente nella debolezza». Mi vanterò quindi ben volentieri delle mie debolezze, perché dimori in me la potenza di Cristo.

Vangelo: Matteo 16,13-19

Essendo giunto Gesù nella regione di Cesarèa di Filippo, chiese ai suoi discepoli: «La gente chi dice che sia il Figlio dell'uomo?». Risposero: «Alcuni Giovanni il Battista, altri Elia, altri Geremia o qualcuno dei profeti». Disse loro: «Voi chi dite che io sia?». Rispose Simon Pietro: «Tu sei il Cristo, il Figlio del Dio vivente». E Gesù: «Beato te, Simone figlio di Giona, perché né la carne né il sangue te l'hanno rivelato, ma il Padre mio che sta nei cieli. E io ti dico: Tu sei Pietro e su questa pietra edificherò la mia Chiesa e le porte degli inferi non prevarranno contro di essa. A te darò le chiavi del regno dei cieli, e tutto ciò che legherai sulla terra sarà legato nei cieli, e tutto ciò che scioglierai sulla terra sarà sciolto nei cieli».

Segno

Il "bacio santo" era un segno distintivo tra i primi cristiani. Indicava la stretta condivisione del cammino di fede e della concretezza con cui essi seguivano il Signore. Si invitano i pellegrini, in un momento opportuno, a darsi il "bacio santo".

SAN LUCA EVANGELISTA

Luca ha studiato, è medico, e tra gli evangelisti è l'unico non ebreo. Forse viene da Antiochia di Siria (Antakya). Un convertito, un ex pagano, che Paolo di Tarso si associa nell'apostolato, chiamandolo «collaboratore» (Fm 24) e indicandolo nella Lettera ai Colossesi come «caro medico» (4,14). Il medico segue Paolo dappertutto, anche in prigionia, e per due volte. La seconda, mentre in un duro carcere attende il supplizio, Paolo scrive a Timoteo che ormai tutti lo hanno abbandonato. Meno uno. «Solo Luca è con me» (2Tm 4,11). E questa è l'ultima notizia certa dell'evangelista.

Luca scrive il suo vangelo per i cristiani venuti dal paganesimo. Non ha mai visto Gesù, e si basa sui testimoni diretti, tra cui probabilmente alcune donne (fra le prime che risposero all'annuncio). C'è un'ampia presenza femminile nel suo vangelo, cominciando naturalmente dalla Madre di Gesù: Luca è attento alle sue parole, ai suoi gesti, ai suoi silenzi. Di Gesù egli sottolinea l'invitta misericordia, e quella forza che uscendo da lui «sanava tutti»: Gesù medico universale, chino su tutte le sofferenze. Gesù onnipotente e «mansueto» come lo credeva Dante nelle parole di Luca.

Tropario del santo

Apostolo santo ed evangelista Luca, intercedi presso il misericordioso Dio, affinché conceda alle anime nostre la remissione dei peccati.

Lettura: Colossesi 4,5-18

Comportatevi saggiamente con quelli di fuori; approfittate di ogni occasione. Il vostro parlare sia sempre con grazia, condito di sapienza, per sapere come rispondere a ciascuno. Tutto quanto mi riguarda ve lo riferirà Tìchico, il caro fratello e ministro fedele, mio compagno nel servizio del Signore, che io mando a voi, perché conosciate le nostre condizioni e perché rechi conforto ai vostri cuori. Con lui verrà anche Onèsimo, il fedele e caro fratello, che è dei vostri. Essi vi informeranno su tutte le cose di qui. Vi salutano Aristarco, mio compagno di carcere, e Marco, il cugino di Barnaba, riguardo al quale avete ricevuto istruzioni – se verrà da voi, fategli buona accoglienza – e Gesù, chiamato Giusto. Di quelli venuti dalla circoncisione questi soli hanno collaborato con me per il regno di Dio e mi sono stati di consolazione. Vi saluta Epafra, servo di Cristo Gesù, che è dei vostri, il quale non cessa di lottare per voi nelle sue preghiere, perché siate saldi, perfetti e aderenti a tutti i voleri di Dio. Gli rendo testimonianza che si impegna a fondo per voi, come per quelli di Laodicèa e di Geràpoli. Vi salutano Luca, il caro medico, e Dema. Salutate i fratelli di Laodicèa e Ninfa con la comunità che si raduna nella sua casa. E quando questa lettera sarà stata letta da voi, fate che venga letta anche nella Chiesa dei Laodicesi e anche voi leggete quella inviata ai Laodicesi. Dite ad Archippo: «Considera il ministero che hai ricevuto nel Signore e vedi di compierlo bene».

Il saluto è di mia propria mano, di me, Paolo. Ricordatevi delle mie catene. La grazia sia con voi.

Vangelo: Luca 10,16-21

«Chi ascolta voi ascolta me, chi disprezza voi disprezza me. E chi disprezza me disprezza colui che mi ha mandato». I settantadue tornarono pieni di gioia dicendo: «Signore, anche i demòni si sottomettono a noi nel tuo nome». Egli disse: «Io vedevo satana cadere dal cielo come la folgore. Ecco, io vi ho dato il potere di camminare sopra i serpenti e gli scorpioni e sopra ogni potenza del nemico; nulla vi potrà danneggiare. Non rallegratevi però perché i demòni si sottomettono a voi; rallegratevi piuttosto che i vostri nomi sono scritti nei cieli». In quello stesso istante Gesù esultò nello Spirito Santo e disse: «Io ti rendo lode, Padre, Signore del cielo e della terra, che hai nascosto queste cose ai dotti e ai sapienti e le hai rivelate ai piccoli. Sì, Padre, perché così a te è piaciuto».

Segno

Si invitano i pellegrini a darsi la mano "come i discepoli di Emmaus". Infatti Luca ci indica che la fede va sostenuta con l'aiuto dell'altro, che incoraggia il nostro modo concreto di seguire il Signore sulle strade della vita.

Cappadocia

BASILIO IL GRANDE, ARCIVESCOVO DI CESAREA

San Basilio il Grande, figlio di Basilio del Ponto e di Eumelia di Cappadocia, nacque a Cesarea di Cappadocia intorno al 329-330. Studiò a Cesarea, a Costantinopoli e infine ad Atene, dove divenne amico intimo di san Gregorio di Nazianzo. Poco dopo il suo ritorno a Cesarea, intorno al 356, si ritirò in solitudine alla periferia di Neocesarea, e si impegnò a dare ai suoi seguaci sia una solida formazione morale e ascetica, sia una regola sui doveri e le virtù dei monaci, cosa che gli valse l'appellativo di "legislatore del monachesimo orientale". Fu ordinato sacerdote da Eusebio, arcivescovo di Cesarea, e nel 370, alla morte di quest'ultimo, fu chiamato a succedergli e a governare la Chiesa di Cristo. Durante i suoi otto anni di episcopato si dimostrò testimone della verità di fronte alle eresie e pieno di forza contro le minacce dell'imperatore ariano Valente. Morì il 1° gennaio dell'anno 379.

Le sue opere, piene di saggezza e sapienza (ricordiamo l'antologia delle opere di Origene *Filocalia* e il *Trattato sullo Spirito Santo*), il lavoro teologico contro l'ariano Eunomio, gli scritti ascetici, le regole monastiche, i commenti alla Sacra Scrittura, i panegirici di molti santi, la corrispondenza, assieme allo splendore e alla forza delle sue parole, lo hanno reso degno degli epiteti di "rivelatore del Cielo" e di "Grande".

Basilio, inoltre, ha avuto un importante ruolo nella storia della liturgia cristiana. Ai suoi tempi, infatti, i riti della Chiesa, sino ad allora tramandati oralmente e frutto anche dell'estro del celebrante, iniziarono a strutturarsi e la liturgia andò organizzandosi secondo brevi rituali. L'influenza di Basilio in questi rituali è ben attestata nelle fonti. Restano dubbi su quali parti della Divina Liturgia siano state scritte di suo pugno e quali gli siano state semplicemente attribuite, ma è indubbio che egli ne concepì le iniziali formule liturgiche e il canto degli inni. Oggi, nelle chiese di tradizione bizantina, la liturgia di san Basilio si celebra nelle domeniche di Quaresima, il Giovedì e Sabato Santo, e il 1° gennaio, giorno della sua festa per le Chiese d'Oriente.

Tropario del santo

Per tutta la terra è uscita la tua voce, poiché essa ha accolto la tua parola con la quale hai definito divine dottrine, hai illustrato la natura degli esseri, hai ordinato i costumi degli uomini. Regale sacerdozio, padre santo, prega il Cristo Dio, perché ci doni la grande misericordia.

Kontakion del santo

Ti sei mostrato inconcusso fondamento della Chiesa, perché a tutti gli uomini tu presenti inviolata la signoria, con il sigillo delle tue dottrine, o Basilio santo, che ci riveli il cielo.

Lettura: Colossesi 2,8-12

Badate che nessuno vi inganni con la sua filosofia e con vuoti raggiri ispirati alla tradizione umana, secondo gli elementi del mondo e non secondo Cristo.

È in Cristo che abita corporalmente tutta la pienezza della divinità, e voi avete in lui parte alla sua pienezza, di lui cioè che è il capo di ogni Principato e di ogni Potestà. In lui voi siete stati anche circoncisi, di una circoncisione però non fatta da mano di uomo, mediante la spogliazione del nostro corpo di carne, ma della vera circoncisione di Cristo.

Con lui infatti siete stati sepolti insieme nel battesimo, in lui anche siete stati insieme risuscitati per la fede nella potenza di Dio, che lo ha risuscitato dai morti.

Vangelo: Luca 2,20-21; 40-52

I pastori se ne tornarono, glorificando e lodando Dio per tutto quello che avevano udito e visto, com'era stato detto loro. Quando furono compiuti gli otto giorni prescritti per la circoncisione, gli fu messo nome Gesù, come era stato chiamato dall'angelo prima che fosse concepito nel grembo.

Il bambino cresceva e si fortificava, pieno di sapienza, e la grazia di Dio era su di lui. I suoi genitori si recavano ogni anno a Gerusalemme per la festa di Pasqua. Quando egli ebbe dodici anni, vi salirono secondo la consuetudine della festa. Ma, trascorsi i giorni, mentre riprendevano la via del ritorno, il fanciullo Gesù rimase a Gerusalemme, senza che i genitori se ne accorgessero. Credendo che egli fosse nella comitiva, fecero una giornata di viaggio e poi si misero a cercarlo tra i parenti e i conoscenti; non avendolo trovato, tornarono in cerca di lui a Gerusalemme. Dopo tre giorni lo trovarono nel tempio, seduto in mezzo ai maestri, mentre li ascoltava e li interrogava. E tutti quelli che l'udivano erano pieni di stupore per la sua intelligenza e le sue risposte. Al vederlo restarono stupiti, e sua madre gli disse: «Figlio, perché ci hai fatto questo? Ecco, tuo padre e io, angosciati, ti cercavamo». Ed egli rispose loro: «Perché mi cercavate? Non sapevate che io devo occuparmi delle cose del Padre mio?». Ma essi non compresero ciò che aveva detto loro.

Scese dunque con loro e venne a Nazaret e stava loro sottomesso. Sua madre custodiva tutte queste cose nel suo cuore. E Gesù cresceva in sapienza, età e grazia davanti a Dio e agli uomini.

Segno

Benedizione con l'acqua benedetta, simbolo di rinascita nella fede attraverso una comunione più profonda con Dio. Tale relazione di intimità con il Signore ci è testimoniata dalla vita monastica, cioè da coloro che tentano giorno per giorno di farsi "più uno con l'Uno".

Efeso

SANTISSIMA MADRE DI DIO

La Santa Vergine Maria è detta *Theotokos* (Madre di Dio) poiché attraverso di lei si generò il Verbo di Dio secondo la carne; per questo oggi si festeggia la divina maternità della Vergine.

Nostro Signore Gesù è vero Dio e vero uomo, e nella Sua Unica Persona sono stati uniti la natura divina, senza che questa abbia subito corruzione, e la natura umana, perfettamente creata e meravigliosamente generata dall'azione dello Spirito Santo nel seno della Vergine Maria. Poiché Maria è la Madre di Gesù ed è madre come ogni altra madre umana, seppure in modo più perfetto, e Gesù è veramente il Verbo di Dio, dunque Dio stesso, Maria è veramente la *Theotokos*.

Si tratta di un dogma definito solennemente dal Concilio di Efeso del 431, ma che era già stato pronunciato da Elisabetta il giorno della Visitazione: «A che cosa devo che la madre del mio Signore venga da me?» (Lc 1,43).

Lettura: Ebrei 2,11-18

Infatti, colui che santifica e coloro che sono santificati provengono tutti da una stessa origine; per questo non si vergogna di chiamarli fratelli, dicendo: «Annunzierò il tuo nome ai miei fratelli, in mezzo all'assemblea canterò le tue lodi»; e ancora: «Io metterò la mia fiducia in lui»; e inoltre: «Eccoci, io e i figli che Dio mi ha dato». Poiché dunque i figli hanno in comune il sangue e la carne, anch'egli ne è divenuto partecipe, per ridurre all'impotenza mediante la morte colui che della morte ha il potere, cioè il diavolo, e liberare così quelli che per timore della morte erano soggetti a schiavitù per tutta la vita. Egli infatti non si prende cura degli angeli, ma della stirpe di Abramo si prende cura. Perciò doveva rendersi in tutto simile ai fratelli, per diventare un sommo sacerdote misericordioso e fedele nelle cose che riguardano Dio, allo scopo di espiare i peccati del popolo. Infatti, proprio per essere stato messo alla prova ed avere sofferto personalmente, è in grado di venire in aiuto a quelli che subiscono la prova.

Vangelo: Matteo 2,13-23

Essi erano appena partiti, quando un angelo del Signore apparve in sogno a Giuseppe e gli disse: «Alzati, prendi con te il bambino e sua madre e fuggi in Egitto, e resta là finché non ti avvertirò, perché Erode sta cercando il bambino per ucciderlo».

Giuseppe, destatosi, prese con sé il bambino e sua madre nella notte e fuggì in Egitto, dove rimase fino alla morte di Erode, perché si adempisse ciò che era stato detto dal Signore per mezzo del profeta: *Dall'Egitto ho chiamato il mio figlio*.

Erode, accortosi che i Magi si erano presi gioco di lui, s'infuriò e mandò ad uccidere tutti i bambini di Betlemme e del suo territorio dai due anni in giù, corrispondenti al tempo su cui era stato informato dai Magi. Allora si adempì quel che era stato detto per mezzo del profeta Geremia: *Un grido è stato udito in Rama, un pianto e un lamento grande; Rachele piange i suoi figli e non vuole essere consolata, perché non sono più*. Morto Erode, un angelo del Signore apparve in sogno a Giuseppe in Egitto e gli disse: «Alzati, prendi con te il bambino e sua madre e va' nel paese d'Israele; perché sono morti coloro che insidiavano la vita del bambino». Egli, alzatosi, prese con sé il bambino e sua madre, ed entrò nel paese d'Israele. Avendo però saputo che era re della Giudea Archelào al posto di suo padre Erode, ebbe paura di andarvi. Avvertito poi in sogno, si ritirò nelle regioni della Galilea e, appena giunto, andò ad abitare in una città chiamata Nazaret, perché si adempisse ciò che era stato detto dai profeti: *Sarà chiamato Nazareno*.

Segno

Consegna ai pellegrini di una piccola immagine di Maria, di cui si fa memoria a Meryem Ana: qui la Madonna avrebbe abitato insieme a Giovanni Evangelista.

SAN GIOVANNI APOSTOLO ED EVANGELISTA

Lettura: 1Giovanni 4,12-19

Fratelli, nessuno mai ha visto Dio; se ci amiamo gli uni gli altri, Dio rimane in noi e l'amore di lui è perfetto in noi. Da questo si conosce che noi rimaniamo in lui ed egli in noi: egli ci ha fatto dono del suo Spirito. E noi stessi abbiamo veduto e attestiamo che il Padre ha mandato il suo Figlio come salvatore del mondo. Chiunque riconosce che Gesù è il Figlio di Dio, Dio dimora in lui ed egli in Dio. Noi abbiamo riconosciuto e creduto all'amore che Dio ha per noi. Dio è amore; chi sta nell'amore dimora in Dio e Dio dimora in lui.

Per questo l'amore ha raggiunto in noi la sua perfezione, perché abbiamo fiducia nel giorno del giudizio; perché come è lui, così siamo anche noi, in questo mondo. Nell'amore non c'è timore, al contrario l'amore perfetto scaccia il timore, perché il timore suppone un castigo e chi teme non è perfetto nell'amore. Noi amiamo, perché egli ci ha amati per primo.

Vangelo: Giovanni 19,25-27; 21,24-25

Stavano presso la croce di Gesù sua madre, la sorella di sua madre, Maria di Clèofa e Maria di Màgdala. Gesù allora, vedendo la madre e lì accanto a lei il discepolo che egli amava, disse alla madre: «Donna, ecco il tuo figlio!». Poi disse al discepolo: «Ecco la tua madre!». E da quel momento il discepolo la prese nella sua casa.

Questo è il discepolo che rende testimonianza su questi fatti e li ha scritti; e noi sappiamo che la sua testimonianza è vera. Vi sono ancora molte altre cose compiute da Gesù che, se fossero scritte una per una, penso che il mondo stesso non basterebbe a contenere i libri che si dovrebbero scrivere.

Segno

Consegna di una «pietruzza bianca». Il testo dell'Apocalisse di Giovanni dice che coloro che sono rinati in Cristo «riceveranno un nome nuovo scritto su una pietruzza bianca». Ad ogni pellegrino sarà quindi data una pietruzza bianca con questo «nome nuovo» da scrivere sopra di essa.

Istanbul

SANT'ANDREA

Andrea, nato a Betsaida, fratello di Simon Pietro e pescatore insieme a lui, fu il primo tra i discepoli di Giovanni Battista ad essere chiamato da Gesù presso il Giordano; lo seguì e condusse da lui anche suo fratello. Nel prodigio della moltiplicazione dei pani segnalò a Gesù il fanciullo dei cinque pani e dei due pesci. Dopo l'Ascensione, secondo Eusebio (III,1) evangelizzò la Scizia e, se la tradizione ecclesiastica è fondata, morì crocifisso a Patrasso, in Acaia (Grecia). Nel 1462 la sua testa fu posta presso la tomba di Pietro in Vaticano da papa Pio II. Paolo VI, nel 1964, restituì l'insigne reliquia alla Chiesa ortodossa di Patrasso.

La Chiesa patriarcale di Costantinopoli lo venera come suo insigne patrono ed è particolarmente venerato in tutte le Chiese di tradizione greca.

Apolitikon

O Andrea, che fra gli Apostoli fosti chiamato per primo, come fratello del Corifeo, implora dal Signore onnipotente la pace per il mondo e la grande misericordia per le anime nostre.

Lettura: 1Corinzi 4,9-16

Ritengo infatti che Dio abbia messo noi, gli apostoli, all'ultimo posto, come condannati a morte, poiché siamo diventati spettacolo al mondo, agli angeli e agli uomini. Noi stolti a causa di

Cristo, voi sapienti in Cristo; noi deboli, voi forti; voi onorati, noi disprezzati. Fino a questo momento soffriamo la fame, la sete, la nudità, veniamo schiaffeggiati, andiamo vagando di luogo in luogo, ci affatichiamo lavorando con le nostre mani. Insultati, benediciamo; perseguitati, sopportiamo; calunniati, confortiamo; siamo diventati come la spazzatura del mondo, il rifiuto di tutti, fino ad oggi.

Non per farvi vergognare vi scrivo queste cose, ma per ammonirvi, come figli miei carissimi. Potreste infatti avere anche diecimila pedagoghi in Cristo, ma non certo molti padri, perché sono io che vi ho generato in Cristo Gesù, mediante il Vangelo. Vi esorto, dunque, fatevi miei imitatori!

Vangelo: Giovanni 1,35-51

Il giorno dopo Giovanni stava ancora là con due dei suoi discepoli e, fissando lo sguardo su Gesù che passava, disse: «Ecco l'agnello di Dio!». E i due discepoli, sentendolo parlare così, seguirono Gesù. Gesù allora si voltò e, vedendo che lo seguivano, disse: «Che cercate?». Gli risposero: «Rabbì (che significa maestro), dove abiti?». Disse loro: «Venite e vedrete». Andarono dunque e videro dove abitava e quel giorno si fermarono presso di lui; erano circa le quattro del pomeriggio.

Uno dei due che avevano udito le parole di Giovanni e lo avevano seguito, era Andrea, fratello di Simon Pietro. Egli incontrò per primo suo fratello Simone, e gli disse: «Abbiamo trovato il Messia (che significa il Cristo)» e lo condusse da Gesù. Gesù, fissando lo sguardo su di lui, disse: «Tu sei Simone, il figlio di Giovanni; ti chiamerai Cefa (che vuol dire Pietro)». Il giorno dopo Gesù aveva stabilito di partire per la Galilea; incontrò Filippo e gli disse: «Seguimi». Filippo era di Betsàida, la città di Andrea e di Pietro. Filippo incontrò Natanaèle e gli disse: «Abbiamo trovato colui del quale hanno scritto Mosè nella Legge e i Profeti, Gesù, figlio di Giuseppe di Nazaret». Natanaèle esclamò: «Da Nazaret può mai venire qualcosa di buono?». Filippo gli rispose: «Vieni e vedi». Gesù intanto, visto Natanaèle che gli veniva incontro, disse di lui: «Ecco davvero un Israelita in cui non c'è falsità». Natanaèle gli domandò: «Come mi conosci?». Gli rispose

Gesù: «Prima che Filippo ti chiamasse, io ti ho visto quando eri sotto il fico». Gli replicò Natanaèle: «Rabbì, tu sei il Figlio di Dio, tu sei il re d'Israele!». Gli rispose Gesù: «Perché ti ho detto che ti avevo visto sotto il fico, credi? Vedrai cose maggiori di queste!». Poi gli disse: «In verità, in verità vi dico: vedrete il cielo aperto e gli angeli di Dio salire e scendere sul Figlio dell'uomo».

Segno

Un "abbraccio tra i pellegrini", memoria di quello avvenuto nel 1964 a Gerusalemme tra papa Paolo VI e il patriarca Atenagora. In quell'occasione la Chiesa d'Oriente e quella d'Occidente si tolsero le reciproche scomuniche, lanciate dopo lo scisma del 1054. Questo gesto è stato ripetuto a Gerusalemme, a Roma e a Istanbul tra papa Francesco e il patriarca Bartolomeo I.

PAOLO DI TARSO, L'ILLUMINATO DI CRISTO

Alle radici della missione evangelizzatrice di Saulo di Tarso e del suo rapporto speciale con la Turchia, terra privilegiata di apostolato.

San Paolo: dalle tenebre alla luce

di Frédéric Manns ofm

Tarso, importante centro di cultura, offre a Paolo una formazione moderna e cosmopolita, che si innesta sulla solida radice giudaica. Dagli studi rabbinici con il fariseo Gamaliele alla feroce persecuzione anticristiana. E infine la conversione di Damasco, vera chiamata a una vita nuova.

Le biografie di Paolo non mancano. Si succedono, ma non si somigliano. Ma è urgente rimettere Paolo nel contesto del giudaismo ellenistico, il suo mondo. Per capire la novità del suo pensiero bisogna conoscere le correnti giudeo-cristiane delle origini della Chiesa: quelle di Pietro, di Giacomo e di Giovanni figlio di Zebedeo. Molti autori preferiscono usare le lettere di Paolo piuttosto che gli Atti degli Apostoli, opera di Luca, quando si tratta di scrivere la vita dell'Apostolo. Ma Luca, compagno di viaggio di Paolo, non ha tradito il pensiero del suo maestro. Paolo non è l'inventore del cristianesimo, come si sente dire. Ha capito che il Risorto è capace di fare di due popoli – i pagani e Israele – un solo popolo di figli di Dio.

«Io sono un giudeo di Tarso in Cilìcia, cittadino di una città non senza importanza» (At 21,39). È a Tarso che Marco Antonio, il padrone dell'Oriente, ha avuto il suo primo incontro con Cleopatra, la regina d'Egitto, a bordo di una nave reale che risaliva il Cidno. Tarso era un importante centro di cultura nell'antichità, se si dà credito al geografo Strabone. I suoi abitanti avevano un gusto pronunciato per le scienze e una passione per la filosofia. Il tarsiota Atenodoro fu precettore di Ottavio, il quale divenne il capo dell'impero romano con il nome di Augusto. Di ritorno nella sua città natale, Atenodoro vi introdusse una riforma importante: i professori dovevano controllare la vita municipale e dirigevano dall'alto l'amministrazione. Tarso divenne così una "repubblica di professori".

Paolo riconosce di aver beneficiato di una doppia cultura. Nato a Tarso verso l'anno 5 (la data di nascita di Paolo è controversa e si colloca tra l'1 e il 10 d.C.) da una famiglia agiata, cittadino romano per nascita, egli ha il vantaggio di avere un'eccellente formazione che fa di lui un canale particolarmente efficace per portare il nome di Dio nell'*oikoumene*. Dalla sua formazione greca egli ha ereditato una grande ricchezza di vocabolario, una finezza d'espressione e il gusto per la dialettica. Tuttavia la filosofia non interessa Paolo oltre misura; egli preferisce specializzarsi nello studio della letteratura ebraica, nella prospettiva di divenire rabbino. Fin dall'età di cinque anni studia la Bibbia. La scuola era obbligatoria per i ragazzi. Il sacerdote Simon ben Shetah lo aveva deciso nel 75 a.C.; Giosuè ben Gamla aveva reso obbligatoria la designazione di un maestro di scuola in ogni città e in ogni distretto rurale. Verso l'età di dieci anni, Paolo parte per Gerusalemme per studiare la legge orale «ai piedi del fariseo Gamaliele». L'espressione ha un preciso significato: gli studenti erano seduti ai piedi del maestro in semicerchio come lo erano stati i Greci ad Atene ai tempi di Socrate. Presso i rabbini e ad Atene è lo studente che sceglie il suo maestro. Secondo il trattato della *Mishna Abot* 5,24 è verso l'età di dieci anni che i giovani ebrei iniziano lo studio della *Mishna* e verso i quindici anni quello del *Talmud*. Quando Paolo arriva a Gerusalemme, Gesù viveva i suoi anni oscuri a Nazaret.

Gamaliele è un maestro fariseo. I farisei erano divisi in due scuole: quella di Shammai, conosciuto per la sua intransigenza e il suo carattere irascibile, e quella di Hillel che ripeteva: «Siate gli imitatori di Aronne che amava la pace, che amava gli uomini e li affratellava con lo studio della Legge». La resurrezione dei morti era una delle certezze profondamente radicate nel pensiero farisaico. Gamaliele aveva evidenziato i testi biblici che provavano l'immortalità dell'anima. Egli credeva all'intervento divino nella storia del mondo, ma insisteva sulla libertà e la responsabilità dell'uomo. Ai piedi di Gamaliele, Paolo memorizza la legge scritta e la legge orale poiché, tutt'e due, risalgono a Mosè e hanno la stessa autorità. È dunque necessario analizzare il testo scritto per trarne il profondo significato e dedurne le attuali applicazioni. Questo lavoro di esegesi si faceva in una doppia direttrice: occorreva costituire una giurisprudenza, riadattare le norme giuridiche del Pentateuco (l'*Halaka*) e reinterpretare le parti narrative della Scrittura in un fine educativo, anche edificante (l'*Haggada*). Paolo applicherà questi due metodi quando rileggerà la Bibbia. Gli studi ebraici esigevano molta applicazione, perché si imparavano a memoria e salmodiando in maniera ritmica le sentenze e le interpretazioni dei maestri. Dei procedimenti mnemonici aiutavano la memorizzazione gestuale. Infine molteplici interrogazioni pedagogiche, che ricordavano il metodo socratico, facevano parte integrante dello studio.

Della sua formazione rabbinica Paolo ha conservato anzitutto la fede del Dio unico e il ruolo centrale della Scrittura. Lo *Shema Israel* recitato tre volte al giorno insegnava che Dio è uno. La parola di Dio doveva essere la chiave di volta di ogni ragionamento. Quali che siano i problemi che tratta, Paolo ritorna costantemente alla Scrittura: il primo Adamo, il nuovo Adamo, la giustificazione di Abramo per mezzo della fede, Sara e Agar, l'esodo, il battesimo dei padri nella nube e il dono di un cibo spirituale, non sono che alcuni esempi in mezzo a tanti altri. Il metodo di lettura della Scrittura è quello dei rabbini. A Gerusalemme Paolo ha dovuto frequentare la Sinagoga dei Liberti ogni sabato. È là che si riunivano gli ebrei originari della Cilicia (cfr. At 6,9). È probabile che vi si facessero le letture in greco. Si recitavano lo *Shema Israel* e le benedizioni dello *Shemone* Esre in greco? È probabile. L'attenzione ai proseliti esigeva certi adattamenti.

Quando Paolo entrò nella *yeshiva* (scuola) di Gamaliele, l'imperatore Tiberio regnava a Roma. Ponzio Pilato era stato nominato prefetto di Giudea nel 26 e il sommo sacerdote era Caifa. Giovanni Battista iniziava il suo ministero nella valle del Giordano. Paolo continuava ad approfondire le Scritture. Sapeva che Dio è il Tutt'Altro, colui che non è permesso rappresentare. Quando egli sentì degli ebrei credenti in Gesù affermare che quest'ultimo è il figlio di Dio – Paolo era stato il testimone della morte violenta di Stefano, un militante che si era attirato l'odio dei sacerdoti –, si era persuaso del fatto che stessero commettendo un grave sacrilegio. Il suo carattere non gli permetteva di essere un osservatore silenzioso. Doveva intervenire. Paolo devastò la comunità, andando di casa in casa; sradicò uomini e donne e li fece gettare in prigione (cfr. At 8,3). Lo zelo della causa del Signore lo divorava. Egli non poteva ammettere un Messia messo a morte come uno schiavo. Aspettava il figlio di David glorioso.

Tre versioni relativamente identiche della "conversione" di Paolo dovute alla penna di Luca sono giunte a noi. Paolo farà allusione anche nelle sue lettere alla sua esperienza fondante. Al capitolo 9 degli Atti degli Apostoli, Luca afferma che Paolo andò a trovare il sommo sacerdote e gli chiese delle lettere per Damasco al fine di portare, incatenati, a Gerusalemme i membri della setta dei cristiani. Ma sulla via di Damasco, una luce lo circondò. Udì una voce che lo rimproverava: «Saulo, Saulo, perché mi perseguiti?» (At 9,4). L'esperienza fu decisiva. Fu un'illuminazione. La teofania sinaitica si caratterizzava già per l'ascolto e la visione (Es 19,19). In Atti 22 un secondo racconto è messo in bocca allo stesso Paolo: «Quelli che erano con me videro la luce, ma non udirono la voce di colui che mi parlava» (22,9). Dei testimoni possono attestare la verità dei fatti vissuti da Paolo. Visione e audizione fanno parte della vocazione dei profeti.

Atti 26 riferisce in qual modo, in presenza del re Agrippa II, nel tribunale del procuratore Festo, Paolo fu invitato a difendersi ed evocò le principali tappe della sua vita, in particolare la sua conversione sulla strada di Damasco. «Saulo, Saulo perché mi perseguiti? È duro per te recalcitrare contro il pungolo. Io ti sono apparso per farti servitore e testimone della visione durante la quale tu mi hai visto. Io ti libererò dal popolo e dalle nazioni pagane verso le quali io ti mando» (26,14s). Paolo, come Geremia, è inviato per portare il nome di Dio alle nazioni. Nella lettera ai Galati, ritorna sulla sua esperienza: «Quando colui che fin dal seno materno mi ha chiamato con la sua grazia si compiacque di rivelare a me suo Figlio perché io lo annunziassi in mezzo ai pagani» (1,15-16). Egli ha coscienza di essere chiamato come gli altri apostoli. Una tale insistenza sull'esperienza decisiva che ha cambiato la sua vita si tradurrà nella firma delle sue lettere: «Paolo apostolo di Gesù». Non si sottolineerà mai abbastanza questa tappa della sua vita che contiene in germe tutta la sua teologia.

Paolo aveva l'abitudine di recitare ogni mattina la preghiera: «Benedetto sei tu Signore che mi hai creato ebreo non pagano, uomo libero non schiavo, uomo non donna». Dopo l'esperienza di Damasco ripeterà: «Non c'è più né giudeo né greco, non c'è più né schiavo né libero, non c'è più né uomo né donna. Tutti siete uno in Cristo» (Gal 3,28). Il rapporto con Dio e con gli altri non fu più lo stesso di prima. Paolo ha visto il Cristo resuscitato. Egli ha compreso che perseguitando i discepoli di Cristo, è il Cristo stesso che egli angariava.

L'identificazione tra il Cristo e la Chiesa avrà un ruolo primario nella sua teologia del corpo mistico di Cristo. «La Chiesa è il Cristo, sono un tutt'uno». Il *kerigma* che proclamerà si può riassumere in questi termini: Cristo è morto per i nostri peccati e risorto per la nostra giustificazione. È da Cristo stesso che Paolo ha ricevuto la chiamata e la conoscenza del mistero di Dio. Contrariamente a Gamaliele, Gesù aveva preso l'iniziativa della chiamata.

Dopo l'esperienza sulla via di Damasco, per tre giorni, come il Cristo nella tomba, Paolo rimane accecato prima di trovare la luce. Dalle tenebre passerà alla luce. Anania, un cristiano di Damasco, fu ispirato e si fece incontro a Paolo. Gli occhi di Paolo si aprirono: lo Spirito lo trasformò. Paolo chiese il battesimo. Fu istruito nella religione cristiana e si ritirò per tre anni nel deserto d'Arabia. Il deserto, luogo di morte, diverrà sorgente di vita spirituale. Per Giovanni Battista, per Gesù e per Paolo.

Due problemi rimanevano aperti: come conciliare il monoteismo ebraico con la fede in Gesù, figlio di Dio? La risposta viene dalla Scrittura: Cristo, come la sapienza, era presente presso Dio quando creava il mondo. Nella sapienza di Dio c'era uno spirito.

È questo spirito che prega in noi e chiama Dio "Abba". Gesù è il Servo di Yhwh che la Sinagoga aveva identificato con il Messia. Il secondo problema era quello dell'elezione d'Israele: Dio ha ripudiato il suo popolo? Impossibile. Ma a causa della loro caduta la salvezza è giunta ai pagani. Dopo aver concesso misericordia ai pagani, Dio darà misericordia a Israele (Rom 11,11). Questo problema accompagnerà Paolo durante tutta la sua vita.

Di ritorno a Damasco, Paolo inizia ad annunciare che Gesù è il Messia d'Israele. Gli ebrei lo consideravano come un traditore e cercarono di ucciderlo. Agli occhi della comunità ebraica un figlio d'Israele che abbandona la religione dei suoi padri è un disertore. Gli Atti degli Apostoli fanno notare l'odio degli ebrei verso Paolo: «Essi sorvegliavano le porte giorno e notte per poterlo uccidere, ma i discepoli lo presero di notte e lo fecero scendere dalle mura dentro un cesto» (At 9,24-25). La tensione tra le comunità ebraiche e cristiane cresceva. Non si può dimenticare che gli ebrei-cristiani continuavano a frequentare il tempio e le sinagoghe. Paolo fu costretto a fuggire da Damasco. Dove andare? A Gerusalemme: non più per incontrare il sommo sacerdote, ma gli apostoli. Disgraziatamente la sua antica reputazione lo precedeva. I discepoli di Gesù che lo avevano visto all'opera, continuavano ad avere paura di lui. Barnaba lo presentò agli apostoli, raccontò loro ciò che era accaduto. Paolo rimarrà quindici giorni presso Pietro senza vedere alcun apostolo se non Giacomo (cfr. Gal 1,18-19). Non è difficile immaginare l'incontro tra due personalità così diverse: Pietro, il pescatore dalle mani callose, e Paolo, l'intellettuale dalle mani bianche; Pietro che aveva la lentezza degli spiriti deduttivi e Paolo la rapidità degli intuitivi. Ma poiché alcuni ebrei di Gerusalemme cercavano di sopprimere Paolo, i fratelli lo fecero partire per Tarso (cfr. At 9,26-30).

La persecuzione sopravvenuta al momento della morte di Stefano aveva fatto fuggire numerosi cristiani da Gerusalemme verso Libano, Cipro e Siria. La capitale della Siria, Antiochia, rivaleggiava con Alessandria e Atene. La città aveva un pronunciato carattere cosmopolita. I greci vi avevano importato gli dei dell'Olimpo. Con le carovane venute dall'Oriente erano sbarcati i culti esoterici. Arrivando dalla Giudea, gli ebrei avevano portato la Torah. Un ambiente cosmopolita! Tra le diverse comunità le relazioni erano relativamente equilibrate. Una comunità cristiana si sviluppò e si organizzò nella città dopo la persecuzione che seguì la morte di Stefano. I suoi membri contavano dei profeti e altri che erano incaricati dell'insegnamento (cfr. At 13,1). Barnaba andò a Tarso a cercare Paolo e lo portò con sé ad Antiochia, in quello che viene definito il primo viaggio missionario dell'Apostolo delle genti.

Paolo aveva fatto la sintesi tra il monoteismo biblico e la fede in Cristo figlio di Dio. Il Padre e Cristo erano uno. Ad Antiochia, fatto nuovo tra i convertiti, si accettavano anche dei non ebrei. Occorreva dunque formarli e prepararli all'incontro con la Bibbia. Tenuto conto della sua conoscenza del mondo pagano e anche della Bibbia, Paolo era del tutto indicato per questo lavoro. Per un anno, Paolo e Barnaba furono gli ospiti della Chiesa di Antiochia; essi istruirono una considerevole folla (cfr. At 11,26). E diedero vita a quella che fu una delle più fiorenti comunità cristiane delle origini.

L'apostolo missionario

1-10 (?) d.C. - Nascita di Paolo (Saulo) a Tarso, in Cilicia (Turchia).

36 - Paolo perseguita la «Chiesa di Dio» (Gal 1,13) a Gerusalemme e cerca di fare lo stesso a Damasco. Durante il viaggio di ritorno in Cilicia, avviene l'episodio della conversione, non lontano dalle mura della città.

39 - Paolo fugge da Damasco e visita le prime comunità cristiane a Gerusalemme e in Siria.

43 (?) - Visione del Signore.

44-45 - Barnaba porta Paolo ad Antiochia.

46/49 - Primo viaggio missionario di Paolo e Barnaba: toccano Antiochia, Cipro, la Panfilia, la Galazia.

49 - Paolo partecipa al concilio di Gerusalemme.

50/52 - Secondo viaggio missionario di Paolo con Timoteo e Sila: Listra, Frigia, Galazia, Filippi, Tessalonica, Atene (discorso all'Areopago).

53/57 - Nella primavera del 53 inizia il terzo viaggio missionario. Attraversa la Galazia e la Frigia e giunge a Efeso, dove si ferma fino alla primavera del 57. Qui scrive la prima lettera ai Corinzi e la lettera ai Galati.

Primo viaggio di Paolo

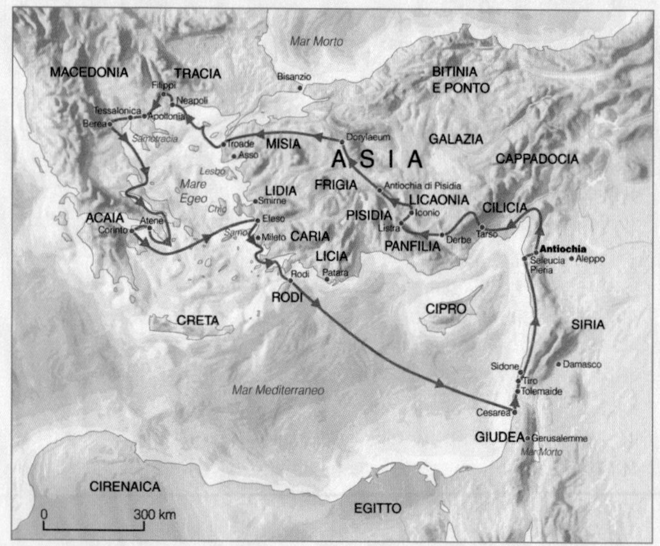

Secondo viaggio di Paolo

Fugge in Macedonia dove scrive la seconda lettera ai Corinzi. Nell'inverno del 58 si reca a Corinto dove redige la lettera ai Romani.

58 - Viene arrestato nel tempio di Gerusalemme e compare davanti ad Anania e al Sinedrio. Condotto a Cesarea, compare davanti al proconsole Antonio Felice.

58/60 - Trascorre due anni di prigionia a Cesarea.

60 - Compare davanti al proconsole Festo e, in quanto cittadino romano, si appella a Cesare. Nell'autunno, ancora prigioniero, parte per Roma e fa naufragio nei pressi di Malta.

61/63 - Vive a Roma agli arresti domiciliari.

64/68 - Di nuovo prigioniero a Roma. Subisce il martirio per decapitazione.

N.B.: le date della vita di Paolo non raccolgono l'unanimità degli studiosi. L'anno probabile del martirio è per alcuni il 64 d.C.; per altri invece sarebbe da spostare intorno al 68 d.C.

Il maratoneta del Vangelo

di Antonio Giuliano

Ripercorrere le tappe del terzo viaggio missionario di Paolo, fino al martirio a Roma, significa mettersi sui passi di un uomo che non ha esitato ad affrontare pericoli di ogni sorta per suscitare e sostenere i credenti.

Paolo di Tarso sentiva dentro il fuoco dell'incitamento del Signore: «Va'perché io ti manderò lontano, tra i pagani» (At 22,21). Dopo essere rientrato in Siria dal secondo viaggio missionario, era pronto per un terzo. Antiochia è come sempre il luogo di partenza e di ritorno delle sue spedizioni. Siamo nel 52-53 d.C. L'Apostolo riattraversa la Galazia e la Frigia per «confermare nella fede» (At 18,23) le comunità fondate nei due viaggi precedenti. Poi per due anni e tre mesi fa tappa a Efeso, capitale romana dell'Asia Minore. Paolo si appresta a coordinare l'evangelizzazione di «tutti gli abitanti della provincia di Asia» (At 19,10), grazie alla collaborazione di molti compagni come Timoteo, Epafra, Erasto, Gaio, Aristarco e Tito. Alcuni esorcisti ambulanti giudei tentano senza successo di imitare le guarigioni prodigiose che l'Apostolo compiva in città. Ma molte persone che praticavano arti magiche, ascoltando la sua parola si convertono (cfr. At 19,11-20). Dopo un nuovo soggiorno a Corinto, per tre mesi, e poi ancora a Efeso, Paolo decide di attraversare la Macedonia.

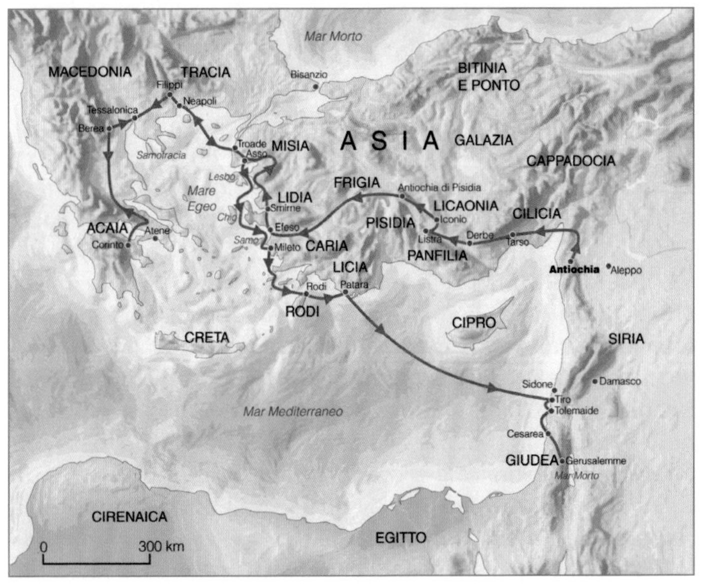

Terzo viaggio di Paolo

Approda in Grecia, ma ancora un complotto giudaico lo costringe a tornare ad Antiochia di Siria senza passare per la Macedonia. Con l'aiuto dei suoi collaboratori salpa allora da Filippi e arriva a Troade. Qui, durante una predicazione molto lunga, risuscita un giovinetto di nome Eutico che, vinto dal sonno, era caduto da una finestra al terzo piano (cfr. At 20,7-12). La missione tocca poi Asso, Mitilene, Samo e ancora Mileto dove Paolo convoca i più importanti «anziani delle Chiese» da lui fondate. Ad essi rivolge il terzo dei grandi discorsi riportati dagli Atti, dopo le predicazioni ai giudei e ai pagani. San Luca, che era presente, riporta quello che viene considerato il testamento pastorale di Paolo (cfr. At 20,18-20): dalla sua evangelizzazione in Asia al presagio della morte. Le parole dell'Apostolo commuovono tutti.

Ma non c'è tempo da perdere: vuole raggiungere in fretta Gerusalemme per la Pentecoste dell'anno 58 d.C. Lo attende un tour frenetico, ogni giorno una nuova tappa: Cos, Rodi, Patara. Di porto in porto approda a Tiro e dopo una settimana riparte per Tolemaide e Cesarea. Non rimane che la salita verso Gerusalemme. Ma sono in molti a sconsigliarlo, perfino un profeta di nome Agabo giunto dalla Giudea. Paolo però è irremovibile: «Perché fate così, continuando a piangere e a spezzarmi il cuore? Io sono pronto non soltanto ad essere legato, ma a morire a Gerusalemme per il nome del Signore» (At 21,13). Sono costretti ad arrendersi: «Smettemmo di insistere: sia fatta la volontà del Signore!» (At 21,14).

A Gerusalemme Paolo è accolto da un certo Mnasone di Cipro. Poi fa visita a Giacomo e agli anziani che gli consigliano di recarsi al tempio e tranquillizzare così i tradizionalisti. Ma, riconosciuto dai giudei della provincia di Asia, scoppia un violento tumulto contro di lui. Il tribuno romano Antonio lo fa incarcerare. Però prima gli concede di difendersi dalla folla inferocita con un discorso in ebraico. Scopre così che questo prigioniero è un cittadino romano. Dopo un viaggio di circa tremila chilometri, la corsa di Paolo si conclude in catene.

L'Apostolo non si perde d'animo. La prigionia a causa del Vangelo diventa anzi motivo d'orgoglio. Nella lettera ai Filippesi dirà: «Voglio farvi conoscere, fratelli, che quanto mi è capitato ha contribuito piuttosto al progresso del Vangelo. È diventato così notorio a quelli del palazzo del governatore e a tutti gli altri che io sono prigioniero per Cristo» (Fil 1,12s). Il tribuno, dopo averlo arrestato, lo conduce nel sinedrio. Le abili parole di Paolo accendono una discordia tra sadducei e farisei in merito alla risurrezione. Il prigioniero viene ricondotto nella fortezza. Quaranta giudei stanno preparando un piano per ucciderlo. Informato del complotto, il tribuno Claudio Lisa decide di mandarlo di notte a Felice, governatore di Cesarea. Costui convoca da Gerusalemme il sommo sacerdote Anania, con alcuni anziani e l'avvocato Tertullo. La difesa di Paolo è impeccabile, ma Felice, insieme alla moglie giudea Drusilla, sceglie di non liberarlo: ha infatti paura delle autorità religiose e spera di ottenere denaro dagli amici di Paolo.

La liberazione non arriva nemmeno con Festo, successore di Felice. Il sinedrio voleva che l'imputato fosse rimandato di nuovo a Gerusalemme per poterlo uccidere durante il tragitto. L'autorità romana convoca una pubblica udienza a cui partecipa anche il re Agrippa, che si trovava a passare di lì per un saluto. Nemmeno questo sovrano trova in lui alcuna colpa. Paolo si appella all'imperatore, a quel tempo Nerone. È così mandato a Roma.

Il trasferimento in Italia si compie tra il 59 e il 60. Gli Atti (capp. 27-28) riferiscono di un viaggio denso di peripezie. Il centurione Giulio della coorte Augusta comanda il gruppetto di prigionieri tra cui c'è Paolo. L'inverno non perdona: venti contrari e perfino un incredibile uragano spingono la nave alla deriva. Per tre giorni l'imbarcazione è in balia delle onde, il carico viene buttato in mare. Paolo interviene in maniera prodigiosa almeno cinque volte salvando la vita all'equipaggio. Dopo 14 giorni di burrasca la nave finisce sulle rive dell'isola di Malta. I 276 passeggeri riescono a nuoto o su tavole a mettere piede a terra. Paolo viene morso da una vipera, ma sulla sua pelle non rimane alcun segno: gli indigeni lo scambiano per un dio. Uno di essi, Publio, li accoglie calorosamente. L'apostolo guarisce suo padre e altri malati e tutti i naufraghi vengono riveriti con tutti gli onori.

Dopo tre mesi possono ripartire. Nel cammino verso Roma approdano a Siracusa, a Reggio e quindi a Pozzuoli. La capitale dell'impero è ormai vicina. Alcuni fratelli, informati dell'arrivo di Paolo, gli corrono incontro sulla via Appia. A loro Paolo aveva scritto da Corinto, tra il 55 e il 58, manifestando il suo desiderio: «Per quanto sta in me, sono pronto a predicare il Vangelo anche a voi di Roma» (Rom 1,15). Lo rinfranca anche una visione avuta a Gerusalemme: «Tu devi rendermi testimonianza anche a Roma» (At 23,11).

Nel 61 Roma contava circa 1 milione di abitanti, con circa 50 mila ebrei e 13 sinagoghe. Giunto in città, Paolo viene costretto agli "arresti domiciliari": può abitare in una casa, sorvegliata da un pretoriano, e condurre le attività di un uomo libero. Dopo solo tre giorni, l'Apostolo converte una serie di notabili giudei, ribadendo: «È a causa della speranza d'Israele che io sono legato a questa catena » (At 28,20). Per due anni quella casa è un continuo punto di ritrovo per coloro che bramano di ascoltare i suoi insegnamenti. Alla fine viene però scagionato.

Secondo alcune fonti posteriori, una volta libero cerca di realizzare il sogno di raggiungere la Spagna. Il progetto però non va in porto e decide di far ritorno a Efeso e in Macedonia. Probabilmente nel 66-67 ritorna a Roma, nuovamente in prigione. Alcuni studiosi sostengono che l'arresto possa essere avvenuto all'improvviso a Troade, perché nella lettera a Timoteo Paolo chiede che venga recuperato il mantello da viaggio, le pergamene e i libri rimasti nella casa di un certo Carpo (cfr. 2Tim 4,13).

La Lettera ai Corinti di papa Clemente Romano (96 d.C.) e altre fonti parlano del martirio di Paolo per decapitazione intorno al 68, sotto Nerone. Secondo le disposizioni vigenti, l'esecuzione di un *civis romanus* doveva avvenire fuori dalla città. Il luogo della decapitazione dell'Apostolo è stato identificato sulla via Ostiense a 3 miglia dalle mura, presso le Acque Salvie, dove adesso sorge l'Abbazia delle Tre Fontane. La tradizione vuole che sia stato sepolto nella tomba della matrona Lucilla, sempre sulla via Ostiense, lì dove nel 320 verrà costruita la basilica di San Paolo Fuori le Mura. Distrutta e ricostruita più volte, oggi della prima chiesa non è rimasto nulla. Solo due lastre di marmo del IV secolo ricordano ai pellegrini che qui riposa «Paolo apostolo e martire», intrepido corridore di Cristo.

Il quadro storico-culturale dei viaggi paolini[1]

I viaggi paolini furono favoriti dal quadro storico-politico-culturale che si determinò in Grecia, in Asia Minore e nell'Oriente in genere nella prima metà del I sec. d.C., grazie alla progressiva penetrazione della cultura ellenica e della potenza politico-militare romana. Roma portò a compimento quel processo che Alessandro Magno aveva sognato, ma che non aveva potuto realizzare a causa della morte prematura. Si attuò infatti per l'Oriente una duplice unità: un'unità culturale, quella ellenica (amministrazioni, usi e costumi rimanevano profondamente di struttura greca), e un'unità politica, quella romana. Nei suoi viaggi

[1] Cfr. Alfio M. Buscemi, *San Paolo. Vita, opera e messaggio*, Milano 2008.

apostolici, Paolo fu quindi favorito da questa duplice unità: quella politica gli fece godere i benefici della *pax romana* e gli diede l'ambìto onore di essere cittadino romano; quella culturale lo mise in grado di parlare la stessa lingua delle genti che incontrava (il greco).

Le vie di comunicazione

Il vantaggio che più di ogni altro favorì decisamente la diffusione del cristianesimo e l'infaticabile apostolato di Paolo fu il meraviglioso e imponente sistema di vie di comunicazione terrestre e marittimo realizzato dall'impero romano. L'unità amministrativa e culturale si poté raggiungere più facilmente proprio perché ogni paese poteva comunicare con gli altri e tutti, senza grosse difficoltà, con Roma. Le distanze, calcolate con i miliari, non facevano più molta paura: si viaggiava molto e con una relativa sicurezza, dato che si poteva programmare in anticipo il proprio viaggio.
Anche gli spostamenti per mare erano molto frequenti, sebbene si navigasse quasi esclusivamente nella buona stagione (da aprile-maggio a ottobre-novembre). I viaggiatori a volte erano molto numerosi (sulla nave che portò Paolo a Roma c'erano ben 276 persone, cfr. At 27,37). La maggior parte pagavano il loro viaggio, mentre i più poveri venivano ammessi a condizione di prestare dei servizi a bordo. Le rotte seguite, per la zona che riguarda i viaggi paolini, erano di due specie: le rotte di piccolo cabotaggio, che seguivano da vicino la costa, le indicazioni delle carte nautiche e sfruttavano la forza dei venti locali; e le rotte di lunga traversata, che si effettuavano in alto mare, basandosi sulla conoscenza delle stelle e sul calcolo delle distanze da un porto all'altro. Un viaggio dalla Palestina a Roma poteva durare 15 giorni se tutto andava bene, ma poteva anche durare un mese e più. I maggiori rischi per la navigazione erano due: il mare troppo calmo, che faceva avanzare troppo lentamente ed esaurire le provviste, e le tempeste.

INFORMAZIONI UTILI

RAPPRESENTANZE DIPLOMATICHE

In Turchia

Ambasciata d'Italia
Atatürk Bulvarı n. 118
06680 Kavaklıdere Ankara
tel.: (+90) 312 457 42 00
fax: (+90) 312 457 42 80
e-mail: ambasciata.ankara@esteri.it
http://www.ambankara.esteri.it

Consolato generale d'Italia a Istanbul
Tom Tom Kaptan Sokak n. 5 Boğazkesen
34433 Beyoğlu, İstanbul
tel.: (+90) 212 243 10 24 - 243 10 25
fax: (+90) 212 252 58 79
e-mail: consolatogenerale.istanbul@esteri.it
http://www.consistanbul.esteri.it

Consolato d'Italia a Smirne (İzmir)
Cumhuriyet Meydanı n. 12
35210 İzmir
tel.: (+90) 232 463 66 76 - 96
fax: (+90) 232 421 25 12
e-mail: consolato.izmir@esteri.it
http://www.consizmir.esteri.it

Uffici consolari onorari sono presenti anche nelle città di Bursa, Nevşehir, Antalya, İskenderun, Gaziantep.
Info e aggiornamenti: http://www.ambankara.esteri.it

Nunziatura apostolica
Birlik Mah. 428, Cad. n. 37, P.K. 33
06610 Çankaya-Ankara
tel.: (+90) 312 495 35 14 - 05
fax: (+90) 312 495 35 40
e-mail: vatican@tr.net

IN ITALIA

Ambasciata di Turchia
Via Palestro, 28
00185 Roma
tel.: (+39) 06 445 94 219
fax: (+39) 06 494 15 26
e-mail: ambasciata.roma@mfa.gov.tr
http://roma.be.mfa.gov.tr

Consolato generale di Turchia
Via Larga, 19
20122 Milano
tel.: (+39) 02 582 12 01
fax: (+39) 02 582 12 081
e-mail: consolato.milano@mfa.gov.tr

Per la rete dei consolati onorari in Italia: http://roma.be.mfa.gov.tr

CIRCOSCRIZIONI ECCLESIASTICHE DI RITO LATINO

Arcidiocesi di Smirne
Necati Bey Bulvari 2, P.K. 267
35210 İzmir
tel.: (+90) 0232 484 05 31
fax: (+90) 484 53 58

Vicariato apostolico di Istanbul
Papa Roncalli Sok. n. 65/A
34373 Harbiye-İstanbul
tel.: (+90) 212 248 07 75
fax : (+90) 212 241 15 43
e-mail: vapostolique@yahoo.fr
http://www.katolikkilisesi.org

Vicariato apostolico dell'Anatolia
Yenisehir Mah. Mithat, Pasa Caddesi 5, P.K. 75
31201 İskenderun
tel.: (+90) 0326 617 59 16
fax: (+90) 613 92 91

NUMERI UTILI

110 Vigili del fuoco
112 Emergenze
115 Telefonate internazionali a carico del destinatario
118 Informazioni
131 Telefonate nazionali a carico del destinatario
135 Sveglia telefonica
153 Polizia municipale
154 Vigili
155 Polizia/Questura
156 Gendarmeria
184 Informazioni sanitarie

INFORMAZIONI TURISTICHE

Ambasciata di Turchia
Ufficio Cultura e Informazioni
Piazza della Repubblica, 56
00185 Roma
tel.: (+39) 06 487 11 90 - 13 93
fax: (+39) 06 488 24 25
e-mail: turchia@turchia.it
http://www.turchia.it

BIBLIOGRAFIA

AA.VV, "Paolo di Tarso, l'illuminato di Cristo", dossier in *Terrasanta* 3 (2008), pp. 25-44.

Bizzeti Paolo, *Turchia. Guida biblica, patristica, archeologica e turistica*, Bologna 2014.

Buscemi Alfio M., *San Paolo. Vita, opera e messaggio*, Milano 2008.

Maggioni Romeo, *Turchia. Guida pastorale di Turchia*, Cascine Vica - Rivoli (To) 2009.

Padovese Luigi et alii, *Turchia. I luoghi delle origini cristiane*, Casale Monferrato (Al) 1987.

Zappa Chiara, *Mosaico Turchia. Viaggio in un Paese che cambia*, Milano 2014.

INDICE

INDICE DEI LUOGHI

CREDITI FOTOGRAFICI

Carole Raddato/Wikimedia Commons: p. 78 (sotto)

Giuseppe Caffulli: pp. 29, 30-31, 33, 47, 49, 60, 61 (sotto), 69, 97, 107, 109, 110, 111 (sopra), 112-115, 123 (sopra, a destra; sotto)

Guilhem Vellut/Wikimedia Commons: p. 25

Htkava/Wikimedia Commons: p. 34 (sopra)

José Luiz Bernardes Ribeiro/Wikimedia Commons: p. 143

Library of Congress, Washington DC (USA): pp. 13, 14, 16, 17, 28

Marsyas/Wikimedia Commons: p. 96 (pianta)

Mehmetcan/Shutterstock: p. 62 (dervisci danzanti)

Moise Nicu/Wikimedia Commons: p. 116 (sopra)

Nevit Dilmen/Wikimedia Commons: p. 9

Prioryman/Wikimedia Commons: p. 136

Rabe!/Wikimedia Commons: p. 106

Sailko/Wikimedia Commons: pp. 86, 93

Stefano Cavalli: pp. 27, 32, 34 (sotto), 37, 38, 40 (sotto), 42-46, 48, 50, 53-57, 59, 63, 65-68, 70-77, 78 (sopra), 79-81, 85, 87-92, 96, 108, 111 (sotto), 117-119, 121, 122 (sopra), 123 (sopra, a sinistra), 124-126, 128, 131-133, 135, 137-142, 144-146